高校劳动教育课程设计思路研究

陈敏　吕琴 ◎ 著

吉林出版集团股份有限公司

图书在版编目（CIP）数据

高校劳动教育课程设计思路研究 / 陈敏，吕琴著
. — 长春 ：吉林出版集团股份有限公司，2024.2
ISBN 978-7-5731-4633-5

Ⅰ. ①高… Ⅱ. ①陈… ②吕… Ⅲ. ①劳动教育－教学研究－高等学校 Ⅳ. ①G40-015

中国国家版本馆 CIP 数据核字（2024）第 049775 号

高校劳动教育课程设计思路研究

GAOXIAO LAODONG JIAOYU KECHENG SHEJI SILU YANJIU

著　者	陈　敏　吕　琴
出版策划	崔文辉
责任编辑	杨　蕊
封面设计	文　一
出　版	吉林出版集团股份有限公司
	（长春市福祉大路 5788 号，邮政编码：130118）
发　行	吉林出版集团译文图书经营有限公司
	（http://shop34896900.taobao.com）
电　话	总编办：0431-81629909　营销部：0431-81629880/81629900
印　刷	廊坊市广阳区九洲印刷厂
开　本	787mm×1092mm　　1/16
字　数	220 千字
印　张	13.5
版　次	2024 年 2 月第 1 版
印　次	2024 年 2 月第 1 次印刷
书　号	ISBN 978-7-5731-4633-5
定　价	78.00 元

如发现印装质量问题，影响阅读，请与印刷厂联系调换。电话 0316-2803040

前　言

　　随着时代的发展和社会的进步，高校劳动教育作为培养学生实际动手能力、实践创新精神的重要途径，在当前高等教育体系中显得尤为关键。劳动教育不仅是知识的传递，更是培养学生实际操作技能、创新能力和团队协作意识的重要平台。

　　然而，当前一些高校劳动教育课程设计存在内容单一、教学手段陈旧等问题，迫切需要深入研究新的思路和方法，以更好地适应社会发展和培养具备实际能力的优秀人才。

　　本书全面而系统地呈现了高校劳动教育课程设计的现状、理论基础、实践经验及优化思路，为高校劳动教育的未来发展提供了有益的参考和指导。期望通过对劳动教育课程设计思路的深入研究，能够推动高校劳动教育更好地服务学生的全面发展，培养更能适应社会需求的优秀人才。在这个充满机遇与挑战的时代，劳动教育的创新将为学生搭建更广阔的发展平台，为高等教育体系的优化提供新的思路与实践经验。

目　录

第一章　劳动教育概述

第一节　劳动教育的理论基础

一、劳动教育理论体系概述

劳动教育作为一种特殊的教育形式，旨在通过实际劳动活动培养学生的动手能力、创造力和团队协作精神，使其更好地适应社会生活和职业发展。劳动教育理论体系是对劳动教育背后的原理、价值和目标进行系统性总结和概述的理论框架。下面将围绕劳动教育理论体系展开详细的阐述，涵盖其基本概念、主要内容、发展历程以及对实际教育实践的指导作用。

（一）劳动教育理论基础

1. 劳动价值观

劳动教育理论体系的基石之一是对劳动价值观的思考。劳动不仅仅是一种生存手段，更是一种实现自我价值的途径。劳动价值观强调个体通过实际工作经验实现个人价值，培养自主性、责任心和团队协作精神。

2. 实践教育理念

实践教育理念认为知识的获取和实践经验的紧密结合是成功学习的关键。在劳动教育中，实践教育理念体现为通过实际劳动活动，使学生在动手中学、在实践中悟。

（二）劳动教育理论体系的主要内容

1. 劳动技能培养

劳动教育理论强调培养学生的实际操作能力和手工技能。这包括基础的手工艺技能，也包括与现代社会需求相适应的技术技能。通过劳动技能培养，学生能够更好地适应未来职业发展的需求。

2. 创造力培养

劳动教育理论认为，劳动不仅仅是机械性的重复动作，更是一种创造性的活动。培养学生的创造力，使其能够在实际工作中提出新的想法、解决问题，并推动社会的创新和进步。

3. 社会责任教育

劳动教育理论体系中强调培养学生的社会责任感。通过参与社会实践和团队协作，学生能够更好地理解自己在社会中的角色，培养公民意识和社会责任感。

4. 职业素养培养

劳动教育理论关注学生的职业素养培养，包括职业道德、职业操守、职业规划等方面的培养。通过劳动教育，学生能够更好地准备自己进入职业生涯，提高职业竞争力。

（三）劳动教育理论体系的发展历程

1. 劳动教育的起源

劳动教育理论体系的发展可以追溯到劳动教育的起源。在早期社会，劳动是人们谋生的主要途径，而教育则通过劳动来传承知识和技能。随着社会的发展，劳动教育理论体系逐渐形成。

2. 工学结合的理论体系

随着工业化的发展，劳动教育逐渐与工学相结合。工学理论体系强调实践技能的培养，培养学生适应工业社会的需要。这一阶段的理论体系对劳动教育的实践性和专业性有了更为深刻的认识。

3. 综合素质教育的理论体系

近年来，随着综合素质教育理念的兴起，劳动教育理论体系也逐渐融入了更多的综合素质要求。该理论体系不仅注重学生的技能培养，更关注学生的创造力、社会责任感和团队协作精神的培养。

（四）劳动教育理论体系在实际教育中的指导作用

1. 教学方法的创新

劳动教育理论体系对教学方法提出了新的要求。在课堂中，教师应更注重实践操作，引导学生在动手中学习。通过项目式学习、实习实训等形式，促使学生将理论知识与实际操作相结合。

2. 教育目标的明确

劳动教育理论体系为教育者提供了明确的教育目标。该理论体系不仅要培养学生的实际技能，还要培养其创造力、团队协作能力和社会责任感。教育者可以通过设定明确的目标，引导学生全面发展。

3. 跨学科整合

劳动教育理论体系强调综合素质教育，促使教育体系进行跨学科整合。不仅要注重学科知识的传授，还要将不同学科的知识有机地结合在实际劳动中。这有助于培养学生的综合能力，使其更好地适应未来多元化的社会需求。

4. 个性化教育的实践

劳动教育理论体系对个性化教育提出了新的要求。由于每个学生在实际劳动中的兴趣、天赋和发展潜力各不相同，教育者应根据学生的个体差异量身定制教育方案，促使其在劳动中找到自己的定位和发展方向。

（五）劳动教育理论体系的挑战与展望

1. 社会认知的提升

劳动教育理论体系在推动教育变革过程中仍然面临着社会认知的挑战。一些传统观念仍然存在，将劳动教育仅仅视为培养工人的手工技能的手段，而未能充分认识劳动教育对个体全面发展的积极作用。

2. 教育资源的不均衡

在一些地区，劳动教育仍然受到教育资源分配不均衡的影响。一些学校可能缺乏适当的实践场地、设备和师资力量，制约了劳动教育理论体系的全面实施。因此，需要更多的社会支持和资源投入来改善这一状况。

3. 技术变革的影响

随着科技的发展，一些传统的劳动形式可能发生改变，这对劳动教育理论体系提出了新的挑战。劳动教育需要更好地与科技发展相结合，培养学生适应未来科技社会的能力，同时保持对传统技能的传承。

在面对这些挑战的同时，劳动教育理论体系也有着广阔的展望。通过更深入的理论研究和实践探索，劳动教育理论体系可以不断完善，更好地服务于教育实践，推动教育朝着更为全面、个性化、实践性的方向发展。

劳动教育理论体系的概述展示了劳动教育在教育体系中的重要地位和作用。通过培养学生的实际操作能力、创造力和社会责任感，劳动教育为个体的全面发展提供了独特的途径。在未来的教育实践中，劳动教育理论体系将继续发挥引领作用，推动教育朝着更为综合、创新、人本的方向发展。

二、劳动与心理发展理论关联

劳动与心理发展之间存在着密切的关系，劳动不仅是一种物质生产活动，更是人类心理发展的重要因素。心理发展理论探讨了个体在不同阶段如何感知、理解和应对外部环境，而劳动作为一种特殊的外部环境，对个体心理的塑造和促进具有深远的影响。下面将围绕劳动与心理发展理论的关联展开详细的论述，涵盖其基本概念、主要内容、关键阶段以及对实际生活和教育实践的启示。

（一）劳动与心理发展的基本概念

1.劳动的定义与意义

劳动是指个体在社会中为了生存和发展而进行的一种实际工作活动。它不仅是获取物质需求的手段，更是人类自身发展、认知世界、获得满足感和自我实现的途径。劳动活动涵盖了多个层面，从简单的体力劳动到复杂的脑力劳动，都可以对个体心理发展产生重要的影响。

2.心理发展的定义与意义

心理发展是指个体在生命周期内，从生理、认知、情感和社会交往等多个方面经历一系列变化和成熟的过程。心理发展理论关注个体在不同阶段的心理特征、需求和发展任务，以及外部环境对个体心理发展的影响。心理发展涉及儿童、青少年和成年人等各个阶段，而劳动在这些阶段都扮演着重要的角色。

（二）劳动与心理发展理论的主要内容

1.皮亚杰的认知发展理论

让·皮亚杰的认知发展理论强调个体在不同发展阶段通过与环境互动，逐渐建构对世界的认知结构。在这一理论中，劳动被视为一种主动的、探索性的活动，通过劳动，个体能够获得直接的经验，推动认知结构的建构。例如，幼儿通过在劳动中使用手和眼睛，逐渐认知到物体的属性、形状和关系。

2.埃里克森的社会心理发展理论

埃里克森的社会心理发展理论关注个体在生命周期中面对的心理发展任务，以及个体在这些任务中的危机和解决方式。在这一理论中，劳动与身份认同和角色建构密切相关。例如，青少年阶段个体通过尝试不同的职业和角色来寻找自己的身份，而这种劳动经历对其个性和价值观的塑造具有深远影响。

3.马斯洛的需求层次理论

亚伯拉罕·马斯洛提出的需求层次理论认为，人类的需求分为生理需求、安全需求、社交需求、尊重需求和自我实现需求等层次。劳动作为一种获取物质和精神需求的手段，直接关联着生理和安全需求，同时也与社交需求、尊重需求和自我实现需求有密切的联系。通过劳动，个体可以实现自我价值和成就感，满足多层次的需求。

（三）劳动与心理发展的关键阶段

1.儿童期

在儿童期，个体的主要任务是建构基本的认知结构和社会认同。通过参与适合年龄的劳动活动，儿童能够发展出对世界的基本认知、学习解决问题的方法，同时培养社交技能和团队合作精神。这一阶段的劳动经历对儿童的身体发育、认知发展和情感体验都有着深远的影响。

2. 青少年期

在青少年期，个体面临身份认同的探索和建构。通过参与劳动活动，青少年能够逐渐了解自己的兴趣、能力和价值观，形成对未来职业的初步规划。劳动经历可以帮助青少年建立自信心，提升责任心和独立思考能力。

3. 成年期

成年期是个体职业发展和家庭建设的阶段。劳动在成年期扮演着维持家庭和职业生涯的重要角色。通过持续的劳动经历，个体能够逐渐实现职业发展目标，同时在工作中获得成就感和满足感。劳动还与家庭生活相互交织，影响个体在社会中的角色和责任。

（四）劳动与心理发展理论在实际生活和教育实践中的启示

1. 提倡儿童劳动教育

基于儿童期的心理发展特点，儿童劳动教育应当得到更多的关注。通过在学校和社会环境中提供合适的劳动体验，帮助儿童建构对世界的认知结构，培养解决问题的能力，并促使其形成积极的学习态度。这有助于儿童在心理发展上更为全面和健康地成长。

2. 强调青少年职业规划

在青少年期，个体对职业和身份的认同起着至关重要的作用。劳动经验对青少年的职业规划具有积极的影响。学校和社会可以通过提供实习、实训和职业指导等方式，帮助青少年更好地了解自己的兴趣和能力，形成对未来职业的明确规划。

3. 支持成年期职业发展

成年期是事业发展和家庭建设的主要阶段，劳动在其中扮演着关键的角色。社会和企业可以通过提供培训、职业发展机会以及家庭支持政策，帮助成年个体更好地实现自己的职业目标，提高工作满意度，从而促进心理健康和整体生活质量。

4. 注重劳动与心理健康的关联

劳动与心理发展理论强调劳动对心理发展的积极影响。因此，社会和教育体系应当重视个体在工作中的心理健康。关注工作环境、工作压力和职业满意度等因素，通过心理咨询和支持，帮助个体更好地应对工作中的挑战，保持心理健康。

（五）劳动与心理发展理论的未来展望

1. 深入研究劳动对心理发展的影响机制

未来的研究可以更深入地探讨劳动是如何影响个体心理发展的机制。通过心理学、神经科学等多学科的综合研究，深刻理解劳动活动对大脑认知功能、情感调节和社交技能等方面的影响机制，为更精准、个性化的劳动教育提供科学依据。

2. 发展面向不同阶段的劳动教育模式

未来劳动教育模式应当更加贴近不同发展阶段个体的需求。针对儿童、青少年和成年人等不同群体，制订差异化的劳动教育计划，结合心理发展理论，更好地促使个体在劳动中实现个人价值和全面发展。

3. 倡导积极劳动文化

社会应当倡导积极的劳动文化，将劳动视为一种有益于心理健康和全面发展的活动。通过社会舆论、政策支持等手段，强调劳动的积极价值，鼓励个体在工作中追求自我实现，提高对工作的认同感和满足感。

4. 构建全人类劳动与心理发展的国际合作框架

由于不同国家和地区的文化、经济和社会差异，劳动与心理发展的理论和实践存在着多样性。未来可以构建全球范围内的劳动与心理发展的国际合作框架，促使各国共同分享研究成果、推动理论交流，共同推进全人类的劳动与心理发展。

劳动与心理发展理论的关联不仅是理论领域的研究课题，更是实际生活和教育实践的重要议题。通过深入理解劳动与心理发展的内在联系，社会和教育体系可以更好地引导个体在劳动中实现全面发展，促进社会的可持续发展。未来，期望通过不断的研究和实践，更好地发掘劳动与心理发展之间的深层关系，为个体和社会创造更为健康、积极的发展环境。

第二节　劳动教育的历史演进

一、古代劳动教育实践与理念

古代劳动教育是一种融入日常生活的教育方式，强调通过实际劳动活动培养人的品德、智慧和实用技能。在古代社会，劳动不仅是生存的手段，更是一种价值观和教育理念的载体。下面将探讨古代劳动教育的实践和理念，包括劳动在古代教育中的地位、实际运作方式以及对人的教育目标的影响。

（一）古代劳动教育的地位

1. 劳动的价值观

在古代社会，劳动被赋予了极高的价值观。劳动不仅是维持社会生存的手段，更是实现个体自我价值、培养品德的途径。许多古代文化都强调勤劳、守时、精益求精的劳动精神，将劳动视为修身养性的一部分。

2. 劳动与社会地位的关联

在古代社会，个体的社会地位和声望往往与其劳动有关。农耕社会中，农民的劳动直接关系着社会的稳定和发展；手工业者的工匠技艺往往决定了其在社会中的地位。通过劳动取得的贡献，塑造了个体在社会中的身份认同和地位。

（二）古代劳动教育的实践

1. 农耕劳动

在古代农耕社会中，农耕劳动是基础而重要的一种形式。农耕劳动不仅包括播种、耕种、收割等实际操作，还涵盖了季节、气象、土壤等方面的科学知识。父辈通常会亲自示范，将这些知识和技能传承给子女，使他们能够熟练地从事农业劳动。

2. 手工艺劳动

古代的手工艺劳动在培养技能和创造力方面发挥着重要作用。家庭或行业中的手工匠人会将自己的技艺传承给后人，通过实际操作，培养学徒的技能和审美观念。这种方式的劳动教育不仅传承了实际技能，还培养了工匠精神和对艺术的理解。

3. 战争劳动

在古代战争中，战士通过军事训练和实际战斗的经验来提高自己的战斗力。战争劳动不仅锻炼了个体的身体素质，还培养了勇敢、团队协作和忍耐等品质。战士们通过实际参与战争，不仅保卫了家园，也得到了实际的军事教育。

（三）古代劳动教育的理念

1. 实用主义与工匠精神

古代劳动教育强调实用主义和工匠精神。劳动不仅被看作是为了生存而进行的手段，更是一种为社会、为他人创造实际价值的行为。工匠们追求精益求精，注重实际技能的培养，强调实用性和实际效果。

2. 敬业精神和责任心

古代劳动教育注重培养敬业精神和责任心。在农耕劳动中，季节性和耕作过程中的每一个环节都需要认真对待；在手工艺劳动中，精湛的技艺需要长时间的专注和耐心。这种敬业精神和责任心在古代劳动教育中得到了强调。

3. 家庭教育的重要性

古代劳动教育主要通过家庭传承，父母是孩子最早的老师。父辈通过亲自示范和言传身教，将实际经验、道德观念和生活技能传递给下一代。这种家庭教育模式既强调了亲子关系，又通过实际劳动培养了子女的品格和能力。

（四）古代劳动教育对个体的影响

1. 品格塑造与道德培养

古代劳动教育在培养个体的品格和道德方面起到了积极的作用。通过劳动，个体学会了吃苦耐劳、尊重自然、敬重他人的品质，形成了持之以恒的劳动态度和社会责任感。

2. 实用技能的培养

古代劳动教育直接关系着个体的生存和发展。在家庭和社会中获得的实用技能对个体的生存和职业发展都至关重要。农耕劳动使个体掌握了农业知识，手工艺劳动培养了实际技能，而这些技能不仅丰富了个体的生活经验，也提高了其在社会中的竞争力。

3. 团队协作与社交能力的培养

在古代劳动中，个体通常需要与他人合作，共同完成一项任务。这种团队协作的经验培养了个体的社交能力，锻炼了沟通、协调和合作的能力。通过共同参与劳动，人们建立起互信、互助的社交关系，形成了紧密的社群。

4. 自我实现和创造力的激发

古代劳动教育鼓励个体通过实际操作不断提高自己的技能水平，追求卓越。工匠们追求精益求精，通过创造性的劳动活动，不仅满足了实际需求，也激发了个体的创造力和自我实现的欲望。这种追求卓越的劳动态度对个体的全面发展产生了积极影响。

（五）古代劳动教育的启示与反思

1. 强调实际操作与理论知识的结合

古代劳动教育强调实际操作，注重通过亲身经验培养技能和品德。这一理念对当代教育提出了启示，即在培养学生的同时，强调实际动手能力的培养，将理论知识与实际操作相结合，使学生既能够理解概念，又能够运用知识解决实际问题。

2. 注重品德培养与社会责任感

古代劳动教育强调通过劳动培养品德和社会责任感。这对于当代教育也是有益的启示，教育不仅应关注学科知识的传递，更应注重学生的品德培养，培养他们对社会、对他人的责任心和关爱精神。

3. 家庭教育在劳动教育中的重要性

古代劳动教育主要通过家庭进行，父母是孩子的第一任老师。这也提醒我们，家庭教育在培养孩子的品格和价值观方面扮演着重要的角色。教育者应与家庭保持紧密联系，共同努力培养学生全面发展所需的素质。

4.劳动教育与全人教育的结合

古代劳动教育强调实用主义和工匠精神，注重全人发展。这与当代全人教育理念相契合，提示我们在教育实践中不仅要关注学科知识的传递，还要注重学生的品格、实用技能、社交能力等方面的培养，使学生成为具有全面素质的人才。

（六）古代劳动教育的发展历程

1.古代农耕时期

在农耕时期，劳动主要以农业为主，人们通过农事活动传承了耕作技能和农业知识。这一时期强调季节性的劳动，人们通过实际操作来认识自然界的变化，培养了耐劳、勤奋的劳动态度。

2.古代手工业时期

随着社会的发展，手工业逐渐崛起，劳动教育开始涉及更多的领域。在手工业时期，各类手工艺成为培养技能和创造力的重要途径。从制陶、铁器锻造到纺织等手工艺领域，人们通过实际操作传承了各种技艺，培养了工匠精神和实用技能。

3.古代战争时期

战争时期的劳动教育主要体现在战争和兵役过程中。战士们通过实际的战斗经验，不仅培养了战斗力和军事技能，还锻炼了坚韧不拔、团队协作和忍耐的品质。战争时期的劳动教育更加强调实战经验对个体成长的深远影响。

4.古代家庭教育时期

整个古代时期，家庭一直是劳动教育的主要场所。父母通过亲身示范和言传身教，将实际经验、道德观念和生活技能传递给子女。这种家庭教育方式强调劳动与品德培养的结合，对个体的全面发展产生了深远的影响。

（七）古代劳动教育的局限性与问题

1.社会等级制度的影响

在古代社会，存在着严格的社会等级制度，个体的劳动与社会地位之间存在着较大的不平等。这导致了劳动教育的内容和机会在不同社会阶层之间的差异，一些阶层可能缺乏获得多样劳动经验的机会。

2.性别歧视的存在

古代社会普遍存在性别不公平情况，男女在劳动教育中分工明显，女性的劳动往往受到限制。这导致女性在劳动教育中的机会较少，难以获得与男性相当的实际经验，影响了她们的全面发展。

3. 单一职业技能的局限性

古代劳动教育往往注重培养特定职业的技能，缺乏多元化的培养。这可能导致个体在面对社会变革和新兴产业时，难以适应新的劳动需求，限制了其职业发展的广度和深度。

4. 缺乏个性化和全人发展的理念

古代劳动教育更加强调实际技能的培养，对于个体的兴趣、发展方向等个性差异较少关注。劳动教育的理念更趋向于实用主义和工匠精神，而较少涉及个体的全人发展和综合素养的培养。

古代劳动教育是一种贯穿于整个古代社会生活的教育形式，具有鲜明的实践性和价值观导向。通过劳动，个体不仅获得了实际技能，更在道德品质、社会责任感等方面得到了培养。然而，古代劳动教育也存在着一些局限性和问题，如社会等级制度的不平等、性别歧视的存在以及单一职业技能的局限性等。

在对古代劳动教育的理解中，我们可以从中汲取启示，注重实际操作与理论知识的结合，强调全人发展和个性化的教育理念。通过综合运用现代教育科技手段，促使劳动教育更加平等、多元化、符合个体发展需求，为当代教育提供有益的借鉴。同时，对于劳动教育的发展，还需要关注社会的公平与包容，弘扬劳动精神，促进个体在实践中实现更为全面的发展。

二、工业化时期对劳动教育的影响

工业化是人类社会历史上的一次深刻变革，带来了生产方式、社会结构和劳动关系等多方面的巨大变化。在这个时期，劳动教育成为适应工业社会需求的重要组成部分。下面将探讨工业化时期对劳动教育的影响，包括劳动与教育的新关系、技术革新对教育的挑战、劳动力市场需求对教育体系的调整以及工业化时期对劳动者素质的要求。

（一）劳动与教育的新关系

1. 从农业社会到工业社会的转变

工业化时期，社会由农业为主导转向了工业为主导。传统的农业社会以手工业和小规模手工劳动为主，而工业社会则以大规模的机械化生产和工业化劳动为特征。这种转变对劳动与教育的关系带来了根本性的变革。

2. 技术与实践的融合

随着机械化和科技的发展，劳动与技术开始了更为紧密的结合。工业化时期劳动教育不再仅仅强调手工技能，更注重技术的学习和运用。技术与实践的融合使得工人需要具备更高层次的技术素养，这对劳动者的教育提出了新的要求。

（二）技术革新对教育的挑战

1.科学技术的快速发展

工业化时期，科学技术取得了显著的进步，工业生产逐渐由手工劳动向机械化和自动化过渡。这种技术的迅速发展对教育提出了挑战，要求教育体系能够适应新的技术要求，培养适应新生产方式的劳动者。

2.对技术人才的需求

随着工业技术的不断创新，社会对技术人才的需求不断增加。工业化时期劳动教育需要更加注重培养具备科学知识、工程技能和创新能力的劳动者。这使得职业教育向技术领域转变，培养工程技术人才成为劳动教育的新方向。

（三）劳动力市场需求对教育体系的调整

1.多元职业的涌现

随着工业化的推进，劳动力市场对各类职业的需求也变得更加多元。不仅需要工程技术人才，还需要管理、销售、服务等领域的专业人才。这促使劳动教育体系进行调整，不再仅仅专注于传统的手工业技能培养，更注重全面素质和职业技能的结合。

2.职业培训的兴起

工业化时期，职业培训成为劳动力市场中的重要环节。企业和政府开始投资于培训计划，提供各种形式的职业培训，以满足市场对不同岗位的专业技能需求。这也使得劳动者更容易适应新的工作环境，提高就业机会。

（四）工业化时期对劳动者素质的要求

1.综合素质的提升

工业化时期对劳动者的素质提出了更高的要求，不再仅仅强调技术技能。企业和雇主更加关注劳动者的沟通能力、团队协作、问题解决和创新等综合素质。这意味着劳动者不仅需要具备专业技术，还需要具备更广泛的能力，以适应快速变化和复杂多样的工作环境。

2.自主学习和适应能力的强调

工业化时期劳动者需要具备自主学习和适应能力。由于科技不断更新迭代，劳动者需要具备不断学习新知识和适应新技术的能力。这要求教育体系不仅注重知识传递，更要培养学生的学习能力、信息处理能力和创新意识。

3.跨文化沟通和团队协作的要求

随着全球化的发展，工业化时期的劳动者往往需要具备跨文化沟通和团队协作的能力。在国际化的工作环境中，劳动者可能需要与来自不同文化背景的人合作，因此具备良好的沟通技巧和团队协作能力变得尤为重要。

4.创新思维和问题解决能力的培养

工业化时期注重培养劳动者的创新思维和问题解决能力。企业需要员工能够主动思考、提出创新性的解决方案，因此劳动教育需要注重培养学生的创造力、批判性思维和解决问题的能力。

（五）工业化时期对劳动教育的启示

1.注重综合素质的培养

工业化时期对综合素质的要求提示我们，劳动教育不仅仅是传授具体职业技能，更需要关注劳动者的综合素质，包括沟通能力、团队协作、创新思维等方面的培养，以提高劳动者的综合竞争力。

2.强调实践和实际操作的结合

在工业化时期，技术的发展对实践和实际操作提出了更高的要求。因此，劳动教育需要更加注重实际操作，使学生在真实的工作场景中获得经验，培养实际操作能力和问题解决能力。

3.灵活适应新技术和新工作环境

工业化时期的快速技术变革要求劳动者具备灵活适应新技术和新工作环境的能力。因此，劳动教育应当培养学生的自主学习能力和对未来职业发展的适应性，使他们能够持续学习和不断进化。

4.加强国际视野和跨文化能力的培养

随着全球化的发展，劳动者需要具备跨文化沟通和国际合作的能力。因此，劳动教育应当注重培养学生的国际视野，提高他们的跨文化沟通和团队协作能力，使他们能够胜任国际化的职业环境。

工业化时期对劳动教育的影响是深远而复杂的。这一时期不仅改变了劳动与教育的关系，也促进了劳动者素质和能力的全面提升。在面对未来社会的变革和挑战时，劳动教育需要不断调整和更新，注重培养学生的实际操作能力、综合素质和适应性，以更好地适应工业化时期的需求，为社会发展提供更为优秀的劳动力。

三、当代劳动教育的发展趋势

当代社会正面临着快速变革和多样化的挑战，这使得劳动教育在培养适应现代社会需求的劳动力方面面临着新的机遇和挑战。下面将探讨当代劳动教育的发展趋势，包括技术与创新导向、全球化的影响、终身学习的理念、多元化的教育模式以及劳动教育与可持续发展的关系。

（一）技术与创新导向

1. 数字化技术的融入

当代社会的劳动力市场日益数字化，各行各业都在迅速引入信息技术和数字化工具。劳动教育需要将数字化技术融入教学，培养学生运用先进技术解决问题的能力。这包括但不限于数据分析、人工智能、虚拟现实等领域的知识与技能。

2. 创新思维的培养

创新思维是当代劳动力市场中极为重要的素质之一。劳动教育需要注重培养学生的创造性思维、解决问题的能力以及在不断变化的环境中做出灵活决策的能力。这有助于培养创业者精神和适应未来工作的能力。

（二）全球化的影响

1. 国际化的教育视野

全球化使得各国之间的交流与合作更加频繁。当代劳动教育应当注重培养学生的国际化视野，使其具备在国际背景下工作的能力。语言能力、跨文化沟通技能以及了解国际劳动市场需求的能力将变得越来越重要。

2. 国际合作与交流项目

当代劳动教育应当积极推动国际合作与交流项目。这不仅可以为学生提供更广泛的学习机会，还有助于增进不同文化间的理解，提升学生的全球竞争力。

（三）终身学习的理念

1. 不断更新的知识体系

随着社会的发展，知识更新的速度越来越快，职业技能的半衰期也在不断缩短。因此，终身学习的理念成为当代劳动教育的核心。学校和机构需要提供灵活的学习途径，使劳动者能够随时随地进行学习和更新知识。

2. 强调自主学习能力

终身学习强调个体的自主学习能力。当代劳动教育应当培养学生的学习动力、学习方法和自主学习能力，使他们能够适应未来工作的学习需求。

（四）多元化的教育模式

1. 个性化教育

当代劳动教育越来越注重个性化教育，根据学生的兴趣、特长和学习风格提供定制化的教育方案。这有助于激发学生的学习兴趣和潜能，使其更好地发挥个体优势。

2.在线学习和远程教育

随着互联网技术的飞速发展,在线学习和远程教育成为当代劳动教育的重要组成部分。这种灵活的学习方式使学生能够根据自身的时间和地点安排进行学习,促进了教育资源的全球共享。

（五）劳动教育与可持续发展的关系

1.可持续发展的理念

当代社会越来越强调可持续发展的理念,劳动教育也应当与之相契合。劳动者需要具备可持续发展的意识,关注社会、环境和经济的平衡,以及如何通过自己的工作和行为促进社会的可持续进步。

2.绿色职业的培养

随着绿色产业的兴起,劳动教育应当培养学生对绿色职业的理解和认同,培养具备环保意识和可持续发展知识的劳动者。

第三节　高校劳动教育的现状与挑战

一、当前高校劳动教育的主要特点

随着社会的不断发展和高等教育的普及,高校劳动教育在新的时代背景下也经历了一系列的变革。当前高校劳动教育的主要特点反映了社会需求和教育理念的演变。下面将深入探讨当前高校劳动教育的主要特点,包括技术与实践导向、创新创业教育的推动、国际化视野的拓展、全人素质的培养以及互联网时代的挑战与机遇。

（一）技术与实践导向

1.紧密结合产业需求

当前高校劳动教育更加注重将理论知识与实际操作相结合,紧密结合产业需求。其不仅仅强调学生的理论学习,更关注学生在实际工作场景中应用知识的能力。这种实践导向的劳动教育有助于培养学生的实际操作技能,提高他们在职场中的竞争力。

2.强调 STEM 教育

科学、技术、工程和数学（STEM）教育成为当前高校劳动教育的重要方向。培养学生在科学、技术和工程领域的知识,注重跨学科的整合,培养解决实际问题的能力,使学生更好地适应科技快速发展的社会环境。

3. 技术创新与实践项目

高校劳动教育积极推动技术创新与实践项目，鼓励学生参与科研和实践活动。通过开展创新创业比赛、实习实训项目等形式，学生能够在实践中锻炼团队协作、问题解决和创新思维等能力，为将来的职业发展打下坚实基础。

（二）创新创业教育的推动

1. 创新创业课程设置

当前高校劳动教育更加注重创新创业教育。高校开设创新创业相关的课程，如创业管理、商业模式创新等，旨在培养学生的创业精神、创新能力和市场洞察力。这种教育模式有助于培养学生具备自主创业的意愿和能力。

2. 创业实践平台的建设

高校积极构建创业实践平台，为学生提供创业孵化、导师辅导、资源对接等支持服务。学生通过参与创业实践，能够更好地了解市场机遇和挑战，提升创新能力和实际经营技能。

3. 产学研结合的合作项目

高校与企业、研究机构建立更加紧密的合作关系，推动产学研结合的合作项目。通过合作项目，学生可以在实际工作环境中学到更多的专业知识和实践经验，同时为企业提供新的思路和解决方案。

（三）国际化视野的拓展

1. 国际交流与合作

高校劳动教育强调国际化视野，积极推动国际交流与合作。学生通过参与国际学术研讨、交流项目、海外实习等形式，扩展国际视野，了解国际职场的运作方式，提高全球竞争力。

2. 引进国际化课程

高校引进更多的国际化课程，包括国际商务、国际市场营销等，以培养学生对全球经济和文化的理解。这有助于学生更好地适应跨国公司和国际化工作环境的要求。

3. 多元文化的融合

在劳动教育中强调多元文化的融合，鼓励学生尊重和理解不同文化背景的同事。这种国际化的视野有助于培养学生的全球视野和国际人才素养。

（四）全人素质的培养

1. 注重综合素养的培养

高校劳动教育不仅关注学生专业技能的培养，更注重综合素养的提升。劳动教育强调培养学生的团队协作、沟通表达、领导力等软实力，使其在职场中具备更强的综合竞争力。

2.心理健康教育的重视

心理健康教育逐渐成为高校劳动教育的一个重要组成部分。劳动教育注重培养学生的心理素质，帮助他们建立自信心、应对职场挑战、保持健康的心理状态。这有助于学生更好地适应工作压力、解决人际关系问题，提高职业生涯的幸福感和满意度。

3.社会责任感的培养

高校劳动教育强调社会责任感的培养，鼓励学生积极参与社会公益活动、志愿服务等。通过参与社会实践，学生能够更深刻地理解社会问题，树立正确的人生观和价值观，培养公民意识和社会责任感。

（五）互联网时代的挑战与机遇

1.在线学习和远程劳动教育

随着互联网的发展，高校劳动教育逐渐引入在线学习和远程劳动教育。这为学生提供了更加灵活的学习方式，能够更好地适应社会的多样性和变化。同时，互联网技术的运用也为劳动教育提供了更广泛的教育资源和信息。

2.人工智能与自动化对劳动市场的影响

互联网时代，人工智能和自动化技术的发展对一些传统职业产生了深远的影响。高校劳动教育需要更加关注新兴技术对职业的要求，培养学生适应技术变革的能力，促使他们不断学习和更新知识。

3.职业素养与网络素养的结合

随着互联网的普及，职业素养与网络素养的结合变得尤为重要。高校劳动教育需要培养学生正确使用网络资源、信息检索和处理的能力，同时关注网络安全、隐私保护等方面的职业素养。

当前高校劳动教育在面对社会变革和科技发展的冲击下，呈现出一系列新的特点。技术与实践导向、创新创业教育的推动、国际化视野的拓展、全人素质的培养以及互联网时代的挑战与机遇，这些特点共同构成了当代高校劳动教育的主要面貌。高校劳动教育应当继续保持与时俱进，不断调整和创新，以更好地适应未来社会的需求，培养更加全面、具有创新精神和国际竞争力的优秀劳动者。同时，高校劳动教育也需要与社会产业、企业等密切合作，确保教育的实效性和适应性，从而更好地为学生的职业发展和社会进步做出贡献。

二、面临的挑战及问题分析

随着社会的不断发展，高校劳动教育在取得显著成绩的同时也面临着一系列的挑战和问题。这些挑战涉及技术发展、就业市场变化、教育体系滞后等多个方面。下面将对高校劳动教育面临的主要挑战及问题进行深入分析。

（一）技术发展的挑战

1. 科技更新速度加快

随着科技的不断进步，技术的更新速度加快，一些新兴技术的应用不断涌现，给传统职业带来了深刻的冲击。高校劳动教育需要面对职业技能的半衰期变短，传统课程无法满足当前市场对新技能的需求，急需调整课程设置，引入更具前瞻性和实践性的内容。

2. 人工智能与自动化对传统职业的影响

随着人工智能和自动化技术的发展，一些传统的劳动力需求可能会减少，部分职业岗位将被机器所替代。这对传统的职业培养模式提出了新的挑战，高校劳动教育需要思考如何培养学生适应未来职场的需要，使其具备与机器共同工作的能力，更好地融入未来的工作环境。

（二）就业市场的变化与不确定性

1. 职业选择多样性增加

随着社会的多元化和产业结构的变化，职业选择变得更加多样化，涌现出大量新兴职业。这对高校劳动教育提出了更高的要求，需要灵活调整专业设置，更好地满足学生对多元职业发展的需求。

2. 职业培训的需求上升

就业市场的不确定性和变化使得职场对员工的综合素质要求越来越高。高校毕业生可能需要在就业后接受进一步的职业培训，以适应特定领域的需求。高校劳动教育需要思考如何更好地与职业培训机构合作，提供更加贴近市场需求的培训服务。

（三）教育体系滞后与创新不足

1. 课程设置与实际需求脱节

一些高校劳动教育的课程设置可能存在与实际职业需求脱节的情况，缺乏前瞻性和实践性。传统的教育体系未能及时调整，使得一些学生在毕业后难以适应市场变化。高校劳动教育需要更灵活地调整课程设置，更好地与行业需求相匹配。

2. 创新创业教育不足

虽然创新创业教育已成为当前高校劳动教育的热点，但在具体实践中，一些高校仍存在创新创业教育内容不够丰富、实践机会不足的问题。这导致学生在面对实际创业和创新问题时可能感到缺乏经验和信心。

（四）国际化视野的拓展与挑战

1. 国际交流与合作压力增大

尽管国际化视野的拓展是高校劳动教育的发展趋势，但国际交流与合作的压力也相应增大。一些高校可能面临教育资源不足、师资力量不够国际化的问题，导致国际交流项目难以推进。高校劳动教育需要更积极地发展国际合作，提升师资队伍的国际化水平。

2. 全球化竞争与国际人才争夺

国际化视野的拓展使得毕业生将面临更激烈的国际竞争。一方面，吸引国际学生成为本校学子提高国际竞争力的途径之一；另一方面，需要本校学子具备更好的国际化素养，以更好地适应全球化的职场。

（五）全人素质与社会责任感的培养难题

1. 综合素养与软实力培养

尽管高校劳动教育强调综合素养的培养，但在实际操作中，如何更全面地培养学生的团队协作、领导力、创新能力等软实力仍然是一个难题。传统教育往往更注重专业知识的传授，而忽略软实力的培养。

2. 社会责任感的培养

社会责任感的培养是当代高校劳动教育所面临的挑战之一。虽然有些高校通过社会实践、志愿服务等方式促进学生的社会责任感培养，但在整个教育体系中，如何使学生深刻理解社会责任、关心社会问题并主动参与解决，仍然是一个需要深入思考和努力改进的问题。

（六）互联网时代的挑战与机遇

1. 在线学习与远程教育的管理难题

随着互联网时代的发展，高校劳动教育引入了在线学习和远程教育，但这也带来了一系列管理难题。这些难题包括但不限于在线教育平台的建设、教学资源的管理、学生评估的标准等方面，这需要高校加强相关管理机制的建设，确保在线学习的质量和效果。

2. 信息化技术对职业培养的影响

互联网时代，信息化技术在职业培养中发挥着越来越重要的作用。但如何在教育中合理应用信息技术，避免技术"盲目崇拜"、信息过载等问题，仍然是一个需要高校认真思考和解决的问题。

3. 职业素养与网络素养的融合困境

虽然高校劳动教育强调培养学生的职业素养和网络素养，但在实际操作中，如何将两者有机地融合起来，使学生既具备职业素养又具备良好的网络行为规范，是一个需要高校在教学实践中深入探讨的问题。

（七）经济与社会变革的影响

1. 经济结构调整与就业形势

社会经济结构调整可能会导致一些传统产业的萎缩，进而影响相关专业的就业形势。高校劳动教育需要密切关注经济发展的方向，灵活调整专业设置，确保毕业生更好地适应就业市场的需求。

2. 社会价值观的多元化与影响

随着社会价值观的多元化，不同行业和企业对员工的期望也在发生变化。高校劳动教育需要认识到社会价值观的多样性，培养学生具有包容性和适应性，能够在不同的企业文化中融洽发展。

（八）财政投入不足的制约

1. 高校经费投入不足

高校劳动教育所面临的挑战之一是财政投入不足。一些高校在教育资源、实践基地、先进设备等方面投入不足，这制约了高质量劳动教育的开展。要提高劳动教育质量，需要加大财政投入，改善教学条件。

2. 企业合作的资金需求

开展创新创业教育和实践项目需要与企业建立紧密合作关系，但一些企业合作项目需要相应的资金支持。在财政投入不足的情况下，高校劳动教育如何更好地与企业合作、共同发展，是一个需要解决的问题。

（九）人才培养与社会需求的匹配问题

1. 毕业生就业与社会需求匹配度

当前社会对人才的需求日益多元化，但一些高校毕业生的就业方向与社会需求不够匹配。这可能是因为高校课程设置与实际需求不相符，亦可能是因为学校在职业指导方面存在不足。高校劳动教育需要深入了解社会需求，积极与企业、行业进行沟通，调整培养方案，提高毕业生的就业竞争力。

2. 培养创新人才的不足

在当前创新创业浪潮的推动下，社会对创新人才的需求不断增加。然而，一些高校在培养创新人才方面存在不足，包括对创新能力的培养、创新创业课程设置等方面。高校劳动教育需要思考如何更好地培养创新人才，满足社会对创新的迫切需求。

（十）社会公平与资源分配的不均衡

1. 社会背景对教育机会的影响

社会背景对学生的职业发展产生着深远的影响。一些家庭经济困难的学生可能会面临更大的就业压力，甚至可能会因此而无法获得高质量的劳动教育。这使得高校劳动教育面临着社会公平的挑战。在资源分配上，一些学校可能无法提供足够的资金支持，导致一些学生无法享受到同等质量的教育资源。

2. 职业机会的不均等分配

社会中存在职业机会的不均等分配，一些学生可能因为社会关系、地域等因素而难以获得更好的职业机会。这不仅影响了个体的职业发展，也与高校劳动教育的目标——为社会培养优秀的劳动者，存在不符的地方。

（十一）文化价值观的碰撞与融合

1. 文化冲突的困扰

随着国际化视野的拓展，不同文化之间的价值观也可能发生碰撞。这在一些涉及国际合作或跨文化交流的课程中尤为显著。学生可能在不同文化背景下感到困扰，而高校劳动教育需要更好地引导学生理解、尊重和融合多元文化。

2. 国际化背景下的教育理念调整

国际化视野下，高校劳动教育的理念和方法需要与国际接轨。然而，不同国家对教育的理念和模式存在差异，如何在保持本土特色的同时与国际接轨，是高校劳动教育在国际化过程中需要面对的问题。

第二章　高校劳动教育课程设计原则

第一节　课程设计的理论基础

一、教育学理论对课程设计的影响

教育学理论是教育学科中的基础理论体系，它系统地总结和反映了教育活动的一般规律。课程设计是教育活动的重要组成部分，它直接受教育学理论的影响。下面将探讨教育学理论对课程设计的影响，分析不同教育学派对课程设计的启示，以期为教育实践提供理论支持和借鉴经验。

（一）行为主义对课程设计的影响

1.行为主义概述

行为主义是 20 世纪初期产生的一种心理学学派，它强调通过刺激和反应的方式，培养和形成个体的行为。行为主义认为学习是一种可观测的行为变化，主张教学应该通过明确的目标和奖惩机制来引导学生。

2.行为主义对课程设计的启示

明确教学目标：行为主义强调学习的可观测行为，因此在课程设计中应该明确具体的教学目标，使学生的学习成果能够被观察和评估。

强调反馈机制：行为主义认为奖励和惩罚是塑造行为的有效手段，课程设计中可以采用及时的反馈机制，激励学生积极参与学习。

强调实际操作：行为主义理论认为，通过实际操作和重复练习可以巩固学习成果，因此在课程设计中可以加入实践环节，提高学生的实际操作能力。

（二）认知主义对课程设计的影响

1.认知主义概述

认知主义是 20 世纪中期兴起的一种心理学学派，强调个体对信息的处理和内在知识结构的建构。认知主义认为学习是一个主动、有意识的过程，强调理解、思考和问题解决。

2. 认知主义对课程设计的启示

注重理解与思考：认知主义倡导学生通过理解能力，设计启发式问题、案例分析等教学方法，激发学生的思辨和解决问题的能力。

个性化学习设计：认知主义认为学习是个体差异的过程，课程设计应充分考虑学生的个体差异，采用多样化的教学策略，满足不同学生的学习需求。

引导元认知策略：认知主义强调学习过程的监控和调整，课程设计可以引导学生运用元认知策略，提高他们对学习过程的自我认知和管理能力。

（三）建构主义对课程设计的影响

1. 建构主义概述

建构主义强调学习是一个个体与环境互动的过程，学生通过与他人共同建构知识，强调学习的社会性和文化性。建构主义认为学习应该基于真实的情境和问题，鼓励学生通过合作和交流建构知识。

2. 建构主义对课程设计的启示

情境化学习设计：建构主义提倡学习应该发生在真实的情境中，因此课程设计中可以加入情境化学习任务，让学生在解决真实问题的过程中建构知识。

合作与互动设计：建构主义强调学习是社会性的，课程设计中应该鼓励学生进行合作与互动。采用小组讨论、项目合作等方式，促进学生通过交流合作共同建构知识。

反思和元认知策略：建构主义认为学生通过反思和元认知策略来调整和管理学习过程，因此课程设计可以引导学生进行学习日志、学习总结等反思性活动，提高他们的元认知水平。

（四）社会文化理论对课程设计的影响

1. 社会文化理论概述

社会文化理论强调学习是社会文化实践的产物，个体的认知和发展受社会文化环境的影响。该理论认为语言、社会交往、文化符号等在学习中具有重要作用，强调学习与社会实践的联系。

2. 社会文化理论对课程设计的启示

社会情境融入设计：社会文化理论强调学习是社会文化实践的产物，课程设计中应该将社会情境融入教学，使学生更好地理解知识在实际社会中的运用。

语境丰富的学习环境：考虑学生的社会文化背景，设计能够激发学生兴趣的学习环境，使学生在丰富的语境中学习。

文化敏感的教材选择：在课程设计中选择文化多元、具有代表性的教材，引导学生理解和尊重不同文化。

（五）多元智能理论对课程设计的影响

1.多元智能理论概述

多元智能理论是由霍华德·加德纳提出的，他认为人类有多种智能，包括语言智能、逻辑数学智能、空间智能、音乐智能、人际智能、自我认知智能等。这一理论强调了个体的多样性和多元智能的培养。

2.多元智能理论对课程设计的启示

个性化学习路径：多元智能理论认为每个学生在不同智能方面有不同的擅长点，课程设计应该根据学生的个体特点，提供个性化的学习路径。

多元教学策略：采用多样化的教学策略，包括文学性的教学、逻辑数学性的教学、视觉性的教学等，以满足不同智能类型学生的学习需求。

评价多元化：考虑到不同智能类型学生的差异，课程设计中应采用多元化的评价方式，包括项目评价、口头表达评价、作品展示评价等。

（六）后构建主义对课程设计的影响

1.后构建主义概述

后构建主义强调知识是社会建构的产物，认为知识是多元而相对的，强调批判性思维、反思和对话。后构建主义挑战了传统教育中的权威性和单一性。

2.后构建主义对课程设计的启示

批判性思维培养：后构建主义强调学生对知识的主动构建和批判性思维，课程设计中应注重培养学生的批判性思维能力，鼓励他们质疑、探究和反思所学知识，促使其更深入地理解和应用。

对话与合作：后构建主义注重知识的社会建构，课程设计中可以采用对话和合作的教学方法，通过学生之间、学生与教师之间的互动，促使知识在交流中得以建构。

多元视角融入：后构建主义认为知识是多元而相对的，课程设计应该融入不同的视角和观点，使学生能够从多元的角度看待问题，培养开放、包容的思维方式。

（七）可持续发展教育理论对课程设计的影响

1.可持续发展教育理论概述

可持续发展教育理论关注社会、经济和环境的平衡，强调培养学生的可持续发展意识和能力，使其具备为可持续未来做出贡献的能力。

2.可持续发展教育理论对课程设计的启示

跨学科融合：可持续发展教育理论强调综合考虑社会、经济和环境因素，课程设计中应促使不同学科之间的跨学科融合，培养学生跨界解决问题的能力。

实践导向：可持续发展教育理论注重将理论与实践结合，课程设计应设置实践性任务，让学生通过实际操作来理解和应用可持续发展理念。

二、建构主义与课程设计的关系

建构主义是一种基于个体对知识的主动建构过程的学习理论，强调学生通过与周围环境的互动来建构知识。在教育领域，建构主义对课程设计产生了深远的影响。下面将探讨建构主义理论的核心观点，分析建构主义与课程设计的关系，以及建构主义在课程设计中的实际应用。

（一）建构主义理论的核心观点

1. 学习是主动的建构过程

建构主义认为学习是一个主动的过程，学生在学习中不仅仅是接受知识，更是通过与环境的互动和思考来建构新的理解。学生在学习过程中通过自身的思考、提问、讨论等方式积极地参与知识的建构。

2. 知识是个体建构的产物

建构主义理论强调个体在学习过程中主动构建知识，而不仅仅是接受外部信息。每个学生都有独特的背景、经验和观点，因此对知识的理解和建构也是有个体差异的。知识的建构是个体主观活动的结果。

3. 学习是社会文化背景的反映

建构主义强调学习是受到社会文化背景影响的，个体通过社会化的过程融入特定的文化和社会群体中。学生的学习不仅仅是个体的活动，还受到社会环境和文化因素的塑造。

4. 情境对学习的重要性

建构主义认为学习的情境对知识的建构至关重要。学生在特定的情境中，通过互动和参与，更容易理解和建构知识。因此，建构主义倡导将学习融入真实的情境中，使学习更具有实际意义。

（二）建构主义与课程设计的关系

1. 以学生为中心的课程设计

建构主义的核心理念是学生通过主动的建构过程构建知识，因此以学生为中心的课程设计是建构主义教育的自然体现。课程设计应该关注学生的兴趣、经验和个体差异，为学生提供具有挑战性和启发性的学习环境。

2. 强调实际问题和情境

建构主义注重学习的情境和实际问题，课程设计应该注重在真实的情境中引导学生学习。通过将学科知识与实际问题相结合，学生更容易理解和应用所学的知识，从而更好地建构自己的认知结构。

3.培养学生的批判性思维和解决问题的能力

建构主义认为学生在思考、讨论和解决问题的过程中建构知识。因此，课程设计应该培养学生的批判性思维和解决问题的能力。设计具有启发性和开放性的问题，激发学生思考，促使他们主动参与知识的建构。

4.引导学生进行合作与互动

建构主义认为学习是社会性的，学生通过与他人的互动共同建构知识。因此，课程设计应该鼓励学生进行合作与互动。采用小组项目、合作性任务等方式，促进学生之间的交流与合作，共同建构知识。

5.创设多样化的评价方式

建构主义强调学生的学习过程是个体化的，因此课程设计中应该采用多样化的评价方式。除了传统的考试和测验外，还可以引入项目评价、表现评价、同伴评价等方式，更全面地了解学生的学习成果。

（三）建构主义在课程设计中的应用

1.项目式学习

项目式学习是建构主义理论在课程设计中的一种常见应用。通过设计实际项目，学生在解决问题的过程中不仅构建知识，还培养了解决实际问题的能力。项目式学习注重学生的实际参与和合作，使学习更贴近真实情境。

2.问题解决型任务

建构主义倡导学生通过解决问题来建构知识。课程设计可以设计一系列开放性的问题，引导学生进行深入思考和研究。问题解决型任务激发了学生的批判性思维和创造性思维，有助于知识的深层次理解。

3.合作学习和小组讨论

建构主义注重学生之间的互动和合作。课程设计可以设置合作学习和小组讨论的环节，让学生通过讨论、交流和合作来共同建构知识。这样的教学模式有助于学生从不同角度审视问题，激发彼此之间的思想碰撞，促进共同建构知识的过程。

4.情景模拟与角色扮演

情景模拟和角色扮演是建构主义在课程设计中的创新应用。通过创设真实的情境，让学生在模拟中体验问题解决的过程，从而引导他们建构相关的知识。这种方法加强了学习与实际生活的联系，使学生更容易理解和应用所学的内容。

5.反思和元认知策略

建构主义理论认为学生通过反思和元认知策略来调整和管理学习过程。因此，课程设计可以引导学生进行反思性的活动，如学习日志、学习总结等，帮助他们更好地认识自己的学习过程，提高元认知水平。

6. 制订个性化学习路径

建构主义强调个体的主动建构过程，因此课程设计可以根据学生的兴趣、水平和学科倾向制订个性化的学习路径。这种个性化的设计可以更好地满足学生的需求，激发他们更积极地参与知识建构过程。

7. 整合技术手段

现代技术的广泛应用为建构主义在课程设计中的实际应用提供了更多可能性。虚拟实验、在线协作平台、多媒体资源等技术手段可以丰富学习情境，促使学生在数字化的环境中更灵活地进行知识建构。

（四）建构主义与传统教学的比较

1. 角色差异

传统教学往往将教师视为知识的传授者，学生是被动接受的对象。而建构主义中，教师更多的是学生学习的引导者和促进者，强调学生在学习过程中的主动性和参与性。

2. 学习观点差异

传统教学常常采用"桶装理论"，强调教师将知识灌输给学生。相比之下，建构主义认为学生是知识的建构者，学习是一个个体主动思考和参与的过程。

3. 知识构建差异

在传统教学中，知识的构建更加线性，按照教材和教学计划的步骤进行。而建构主义中，知识的构建更加个体化和多元化，每个学生都可能在学习过程中构建独特的认知结构。

4. 教学方法差异

传统教学往往以讲授、传授知识为主，强调课堂的统一性。而建构主义中，强调采用更多的互动、合作、实践等方式，个性化和多样性的教学方法更受重视。

5. 评价方式差异

传统教学评价方式多以考试、测验为主，注重学生对固定知识点的记忆和掌握。建构主义则更倾向于采用项目评价、综合评价等方式，更注重学生的综合能力和实际应用能力。

（五）建构主义在未来教育中的发展趋势

1. 引入跨学科教育

建构主义强调学科之间的关联性，未来教育中可能会更加注重跨学科的整合。通过将不同学科的知识融入一个综合性的学习项目中，培养学生更广泛的视野和思考问题的能力。

2. 推崇开放式教学环境

未来建构主义教育可能更加推崇开放式的学习环境。通过利用数字技术、虚拟现实等手段，创造更开放、灵活的学习场景，使学生能够更自由地参与知识建构过程。

3. 注重个性化学习

随着技术的发展，未来建构主义教育可能更加注重个性化学习。通过智能化技术的应用，根据学生的兴趣、学科倾向、学习进度等因素，为每个学生制订个性化的学习计划和路径。

4. 培养创造力和批判性思维

未来建构主义教育将更加注重培养学生的创造力和批判性思维。通过设计富有挑战性和启发性的学习任务，激发学生独立思考、勇于质疑的能力，培养具有创新意识的未来人才。

建构主义作为一种重要的学习理论，对课程设计提出了许多有益的启示。以学生为中心、注重实际问题和情境、培养学生的批判性思维和合作能力等观点，都为教育实践提供了有益的指导。建构主义在课程设计中的应用使教育更加贴近学生的需求，促使他们在学习中具有更高的参与度和积极性。

随着社会的发展和科技的进步，建构主义在未来教育中的发展趋势也将更加凸显。跨学科教育、开放式教学环境、个性化学习等将成为建构主义教育的重要方向。培养学生全面发展，不仅注重学科知识的传授，更注重学生的思维方式、合作能力、创造力等综合素养。

建构主义教育理念的持续深化和拓展，需要教育者不断思考和实践。在未来的教育实践中，建构主义理论将继续发挥引领作用，推动教育模式不断创新，培养更适应未来社会需求的学生。同时，教育者需要不断总结实践经验，结合建构主义理论不断完善课程设计，以更好地满足学生的学习需求，促进其全面发展。

第二节　高校劳动教育课程的特点与需求

一、高校学科特色与课程设计的匹配

高校作为培养人才的重要场所，各个学科都有其特色和发展方向。为了更好地培养学生，高校需要根据各学科的特色进行有针对性的课程设计。下面将探讨高校学科特色与课程设计的匹配关系，分析如何通过课程设计更好地体现和发挥学科特色，以提高教学质量和培养学生的综合素养。

（一）理工科学科的特色与课程设计

1. 理工科学科的特点

理工科学科注重理论与实践的结合，强调实际问题的解决和技术创新。其特色在于强调科学方法论、实验技能和工程实践，培养学生具备解决实际问题的能力。

2. 与特色相匹配的课程设计

项目式实践课程：设计针对实际问题的项目，要求学生运用所学理论和技能，完成真实的工程项目。通过实际操作，培养学生的实际问题解决能力和团队协作精神。

实验室课程：强化实验室实践，让学生在实验中掌握科学方法，培养观察、实验设计、数据分析等实验技能，提高其动手能力。

创新设计课程：鼓励学生参与创新设计，提供创造性的学术环境，培养学生的创新思维和解决问题的能力。

（二）文学与人文学科的特色与课程设计

1. 文学与人文学科的特点

文学与人文学科注重人的思想、文化、历史等方面的研究，强调批判性思维、表达能力和人文素养。其特色在于深入挖掘人类文明的内涵，培养学生具备独立思考和文学艺术鉴赏的能力。

2. 与特色相匹配的课程设计

文学创作与鉴赏课程：提供文学创作的机会，鼓励学生通过写作表达思想，同时加深对文学作品的鉴赏，培养学生的文学素养和创作能力。

文化研究与比较课程：引导学生深入研究不同文化背景下的文学、历史等方面，培养学生的跨文化视野和批判性思考能力。

口头表达与演讲课程：提供学生锻炼口头表达的机会，培养其辩论和演讲的能力，提高表达清晰、思想深刻的能力。

（三）商科与管理学科的特色与课程设计

1. 商科与管理学科的特点

商科与管理学科注重培养学生的商业思维和管理能力，强调市场分析、决策制定和团队协作等实际运用的技能。其特色在于培养具备商业眼光和管理智慧的专业人才。

2. 与特色相匹配的课程设计

商业模拟与实践课程：利用商业模拟软件或实际商业案例，让学生在模拟经营环境中学习市场分析、经营策略等，培养商业决策能力。

团队项目管理课程：设计团队合作项目，培养学生的团队协作和项目管理技能，加强学生的团队精神和领导力。

商业伦理与社会责任课程：引导学生思考商业活动中的伦理问题，培养商业决策时的社会责任感，提高商业人才的综合素养。

（四）社会科学与法学学科的特色与课程设计

1. 社会科学与法学学科的特点

社会科学与法学学科注重社会问题、法律体系的研究，强调分析和解决社会现象和法律问题的能力。其特色在于培养学生的社会观察力和法治意识。

2. 与特色相匹配的课程设计

社会调查与研究方法课程：引导学生学习社会调查的方法，培养其实地调研和数据分析的能力，提高其社会观察和研究问题的技能。

法律案例分析与模拟法庭：通过分析真实法律案例和参与模拟法庭活动，让学生深入理解法律运作，培养法律问题解决的能力。

社会政策研究与制定课程：强调社会政策的研究与制定，培养学生对社会问题的分析和解决能力，使其具备提出合理建议和政策的能力。

（五）医学与生命科学学科的特色与课程设计

1. 医学与生命科学学科的特点

医学与生命科学学科注重生命体系的研究，强调医学知识的应用和实践技能的培养。其特色在于培养学生对生命科学的深刻理解，以及在医学领域的专业技能。

2. 与特色相匹配的课程设计

实践性医学课程：强调医学实践，包括临床实习、实验室技能培训等，让学生在实际医学环境中掌握专业技能和实践经验。

生物医学研究与创新课程：提供生物医学研究的机会，培养学生的科研能力和创新思维，使其具备在生命科学领域进行前沿研究的能力。

临床案例分析与讨论：通过分析真实的临床案例，引导学生运用医学知识解决实际问题，培养医学专业的思维和判断能力。

（六）艺术与设计学科的特色与课程设计

1. 艺术与设计学科的特点

艺术与设计学科注重创意、审美和表达能力，强调对艺术文化的理解和创作技能的培养。其特色在于培养学生的创造力和艺术表达能力。

2. 与特色相匹配的课程设计

创意设计课程：提供创意设计的机会，引导学生进行独立的艺术创作，培养其艺术表达和创意思维。

艺术史与文化研究：强调对艺术史和文化的深入理解，帮助学生建立对艺术背后文化和历史背景的敏感性。

实践性工作坊与展览策划：通过实践性工作坊，让学生参与展览的策划和实施，培养其组织和沟通能力。

（七）工程技术与信息科学学科的特色与课程设计

1. 工程技术与信息科学学科的特点

工程技术与信息科学学科注重实际应用，强调解决实际问题的工程能力和信息处理技能。其特色在于培养学生具备实际工程和信息科学应用的技术能力。

2. 与特色相匹配的课程设计

工程实践项目：通过工程实践项目，让学生参与实际的工程设计和制造，培养其实际问题解决的能力和工程实践经验。

信息技术应用课程：强调信息技术在实际应用中的运用，培养学生的信息处理和计算机编程能力。

产品创新与设计课程：通过产品创新与设计，引导学生进行工程设计和产品研发，培养其创新思维和团队合作能力。

（八）农学与环境科学学科的特色与课程设计

1. 农学与环境科学学科的特点

农学与环境科学学科注重农业生产和环境保护，强调农业科技和环境监测的应用。其特色在于培养学生具备农业技术和环境科学的实践能力。

2. 与特色相匹配的课程设计

农业实践与技术课程：强调农业生产实践，包括农田管理、作物种植等，培养学生的农业技术操作能力。

环境监测与治理课程：注重环境监测技术的培训，使学生能够进行环境监测和环境治理的实际工作。

农业与环境政策研究：引导学生深入研究农业和环境领域的政策，培养学生对农业和环境问题的政策分析能力。

（九）体育与健康科学学科的特色与课程设计

1. 体育与健康科学学科的特点

体育与健康科学学科注重运动与健康的关系，强调运动训练和健康管理。其特色在于培养学生具备运动训练和健康促进的专业技能。

2. 与特色相匹配的课程设计

运动训练与康复课程：强调运动训练和康复技能的培训，使学生能够进行专业的运动训练和康复工作，提高运动员的竞技水平和一般人的身体康健。

健康管理与促进课程：注重健康管理理论和实践，培养学生在健康促进领域的专业知识和实际操作技能。

体育与社会文化课程：引导学生深入研究体育在社会文化中的地位和作用，培养对体育社会学的理解和分析能力。

二、学生需求与社会就业对课程的要求

随着时代的发展和社会的变革，教育的目标不仅仅是为了传授知识，更要关注学生的个体需求以及社会的就业要求。学生需求与社会就业对课程的要求成为教育改革的关键话题。下面将从学生需求和社会就业两个方面探讨对课程的要求，并探讨如何通过课程设计满足这些需求，以更好地促进学生的全面发展和社会的可持续发展。

（一）学生需求对课程的要求

1. 个性化学习需求

现代学生具有多样化的学习风格和兴趣，因此，课程应当更加注重个性化学习。个性化学习要求课程设计灵活，能够满足学生不同的学科倾向和学科深度需求。例如，提供多样的选修课程和项目，让学生能够根据个人兴趣和职业目标进行深入学习。

2. 实践能力培养需求

传统的教育注重理论知识的传授，但现代社会对实践能力的需求越来越高。因此，课程应当强调实践性，通过实地实习、项目设计等方式，培养学生解决问题和实际操作的能力。这有助于学生更好地适应未来职业生涯的挑战。

3. 跨学科知识融合需求

学科之间的边界日益模糊，社会对跨学科能力的需求也在增加。课程设计应当打破学科壁垒，鼓励学生在不同领域间进行知识的融合与交叉。这有助于培养学生的综合素养，提高他们在多领域合作中的竞争力。

（二）社会就业对课程的要求

1. 行业适应性需求

随着科技的不断发展和社会的变迁，不同行业对人才的需求也在不断变化。课程应当紧密关注各行各业的发展趋势，及时调整课程设置，确保学生获得的知识与技能更符合当前和未来就业市场的需求。这需要与行业合作，建立校企合作机制，使课程更具实际适应性。

2. 软技能培养需求

除了专业知识，社会对员工的软技能要求也日益重要。这包括沟通能力、团队协作、创新思维等。课程设计应当注重培养学生的软技能，通过课堂活动、项目实践等方式，提高学生在这些方面的综合素养，增加其在职场中的竞争力。

3. 全球视野和文化适应性需求

随着全球化的发展，企业和组织对于具备全球视野和文化适应性人才的需求也在增加。因此，课程设计应当注重培养学生的国际化思维和跨文化沟通能力，通过国际交流项目、多语言课程等方式，提升学生的全球竞争力。

（三）如何满足学生需求和社会就业要求

1. 制定灵活的课程结构

为满足学生的个性化学习需求，课程结构应当更加灵活多样。学校可以设置多样的选修课程和项目，允许学生根据个人兴趣和职业规划进行自由选择。同时，通过引入创新的教学方法，如项目驱动教学、问题导向教学等，激发学生的学习兴趣和创造力。

2. 强化实践性教学

为培养学生的实践能力，课程设计应当更加注重实践性教学。学校可以与企业合作，提供实地实习机会，让学生在真实的工作环境中学习和实践。此外，设计具有实际问题解决性质的项目，促使学生运用所学知识解决实际挑战。

3. 推动跨学科融合

为满足社会对跨学科能力的需求，课程设计应当鼓励学科之间的融合。可以设置跨学科的核心课程，引导学生在不同学科领域进行学习，培养他们的综合能力。此外，建立跨学科的实践平台，促使学生在项目中跨学科合作，提高其解决复杂问题的能力。

4. 建立校企合作机制

为更好地适应就业市场的需求，学校应当建立紧密的校企合作机制。与行业合作，了解行业发展趋势，调整课程设置，确保培养出的学生具备符合实际用人需求的技能和素养。校企合作可以包括实习计划、行业导师制度以及共同研发项目等形式，通过这些方式，学生能够更好地了解职场需求，提前适应工作环境。

5. 强化软技能培养

为培养学生的软技能，课程设计应当注重培养学生的综合素养。在课程中融入团队项目、沟通演练、领导力培养等元素，通过实际操作提高学生的团队协作、沟通表达和创新思维能力。此外，引入职业发展课程，帮助学生规划个人职业发展路径，提高其就业竞争力。

6. 强调国际化视野

为培养具有国际化视野和文化适应性的人才，课程设计应当融入国际元素。可以通过引入国际合作项目、开设多语言课程、鼓励学生参与国际交流等方式，拓宽学生的视野，增加他们的国际竞争力。同时，通过国际化课程的设置，帮助学生更好地理解全球化背景下的职业发展机会和挑战。

学生需求与社会就业对课程的要求是教育改革的关键方向之一。为了更好地适应时代的变革和社会的发展，学校应当注重个性化学习、实践能力培养、跨学科融合等方面的课程设计，以满足学生的多样化需求。同时，与社会、行业建立紧密的联系，建立校企合作机制，确保课程设置与职业市场需求保持一致。通过这些努力，可以更好地培养出适应未来社会需求的全面发展型人才。

第三节　课程目标与学习目标的制定

一、教育目标的层次与分类

教育目标是教育活动的导向和出发点，是教育规划和实施的核心。它反映了社会对个体、组织或整个社会成员所期望达到的教育效果。教育目标的层次与分类涉及从整体到细节的理论体系，对于制定合理的教育政策、推动教育改革和提高教育质量具有重要的指导作用。下面将探讨教育目标的不同层次与分类，深入剖析各个层次目标的内涵与关联。

（一）教育目标的层次

1. 宏观层次：国家层面的教育目标

宏观层次的教育目标通常由国家层面的政府或相关机构制定。这些目标通常涵盖整个教育体系，旨在服务国家的长远发展战略和社会需求。国家层次的教育目标主要包括培养全面发展的公民、提高国家科技水平、促进社会和谐等方面。

2. 中观层次：地区或机构层面的教育目标

中观层次的教育目标通常由地方政府或教育机构根据国家层次的目标进行具体细化和调整。这些目标更具体，如提高地方的教育质量、增强地方的经济竞争力等。同时，中观层次的目标也可能涉及特定群体，如农村地区、少数民族地区等的教育目标。

3. 微观层次：学校层面的教育目标

微观层次的教育目标则是学校或教育机构在中观层次的基础上进一步明确和细化的。这些目标通常涉及学科教学、学生综合素养的培养、校园文化建设等方面。每个学校或教育机构在具体实施时会根据自身的特点和定位制定微观层次的教育目标。

（二）教育目标的分类

1. 知识目标

知识目标是教育中最为直观的目标，包括学科知识的掌握和理解。这类目标通常涉及学科教学的核心内容，如语言、数学、自然科学等领域的知识。知识目标是教育的基础，也是其他目标的前提。

2. 技能目标

技能目标强调学生在学科知识基础上的应用和实践能力。这包括但不限于问题解决能力、创新能力、信息处理能力等。技能目标的实现需要通过实际操作、实践性的课程和项目来培养。

3. 情感目标

情感目标注重培养学生的情感态度和价值观念，包括道德品质、团队协作、社会责任感等。通过课程设计、文化建设等方式，学校可以引导学生树立正确的人生观、价值观，培养积极向上的情感态度。

4. 智能目标

智能目标强调培养学生的创造力、批判性思维、综合分析等高层次智能能力。这类目标超越了传统的知识和技能培养，注重培养学生面对未知问题时的自主解决能力。

5. 社会目标

社会目标强调培养学生的社会责任感、公民素养、领导力等。这涉及学生在社会中的角色和责任，鼓励学生积极参与社会事务，为社会发展贡献力量。

6. 生涯目标

生涯目标强调帮助学生规划个人职业发展道路，包括职业规划、职业技能培养、职业素养等。通过生涯规划教育，学校可以帮助学生更好地了解自己，做出明智的职业选择。

（三）不同层次与分类之间的关系

1. 层次之间的关联

不同层次的教育目标之间存在着密切的关联。宏观层次的国家目标是整个教育系统的总体导向，中观层次的地区或机构目标在具体实施中细化和调整国家层次的目标，微观层次的学校目标则是在前两个层次的基础上进一步具体实施和细化。这些层次之间相互关联，构成了一个完整的教育目标体系。

2. 分类之间的相互影响

不同分类的教育目标之间也存在相互影响的关系。例如，知识目标和技能目标之间存在密切联系，学生通过掌握学科知识，才能更好地应用和实践相应的技能。情感目标和社会目标也相互交织，培养学生积极向上的情感态度有助于形成正确的社会价值观。生涯目标与知识、技能、情感等目标也有协同作用，帮助学生在个人发展中更好地选择职业方向，实现自身价值。

3. 教育目标的整体性

教育目标的整体性体现在不同层次与分类之间的有机结合上。一个完整的教育目标体系需要充分考虑各个层次的目标，以及这些目标在知识、技能、情感、智能、社会和生涯等方面的综合性要求。教育目标的整体性有助于实现学生的全面发展，使其在不同方面都能够具备必要的素养和能力。

（四）教育目标的制定与评估

1.制定教育目标的原则

在制定教育目标时，应考虑以下原则：

社会需求导向。教育目标应当与社会发展的需求相契合，以服务社会为导向，使教育更具实际意义。

可操作性。目标应当具有可操作性，能够通过具体的教学和评估手段来实现和检测。

适应性。教育目标应当适应学生的年龄、背景、兴趣等差异，保证目标的可达成性。

整体性。教育目标应当综合考虑不同层次和分类的要求，形成一个完整的目标体系。

2.评估教育目标的方式

评估教育目标是确保教育目标实现的重要环节。评估方式可以包括：

定性评估。通过观察学生在学科知识、实践技能、情感态度等方面的表现，进行综合性的定性评价。

定量评估。通过考试、测验等方式，量化学生在知识和技能方面的掌握程度，进行定量评估。

实践评估。利用实际项目、实习经验等实践性的活动，评估学生在实际应用方面的能力。

反馈评估。设计问卷、座谈会等方式，收集学生对自身学习和发展的反馈信息，帮助调整和改进教育目标。

（五）教育目标的未来发展趋势

在未来，教育目标的制定和实现将更加注重个性化、全面素养的培养。个性化教育目标将更好地满足不同学生的需求，提高教育的灵活性。全面素养的培养将更加强调综合素养的培养，注重学生的全面发展而非简单追求单一方面的优势。

此外，随着科技的发展，教育目标的制定和评估也将更多地依赖于技术手段。智能化、数字化的评估工具将更好地为教育目标的实现提供支持，提高评估的客观性和准确性。

总体而言，教育目标的层次与分类体现了教育的多维性和复杂性。在教育实践中，需要全面考虑不同层次、不同分类目标之间的关系，制定科学合理的教育目标，以推动教育的发展和提升学生的综合素养。

二、高校劳动教育课程的长远目标设定

随着社会经济的不断发展和高等教育的普及，高校劳动教育课程逐渐成为培养学生全面素养、提升就业竞争力的关键环节。劳动教育不仅仅是为了提供职业技能，更应致力于培养学生的实际动手能力、创新精神、职业责任感等多方面的素养。下面将探讨高校劳动教育课程长远目标的设定，着重思考如何更好地满足社会需求，培养具有综合素养的高校毕业生。

（一）培养学生实际动手能力的目标

1. 发展实际操作技能

长远目标中，高校劳动教育课程应着力培养学生具备实际操作技能的能力。这包括但不限于机械操作、电子设备维护、实验室实践等方面的技能。通过系统性的课程设置和实践活动，使学生能够熟练掌握一定领域的实际技术操作，提高他们在职场中的实际应用能力。

2. 激发创新精神

除了基础技能，劳动教育还应致力于激发学生的创新精神。培养学生具备问题解决、创新设计的能力，使他们能够在实际工作中更好地应对各种挑战。课程设置中应融入创客实践、项目实训等元素，激发学生的实际动手创造力，培养他们在未知领域中的探索精神。

（二）提升学生职业责任感的目标

1. 强调职业道德与素养

高校劳动教育课程的长远目标之一是提升学生的职业责任感。除了技术层面的培养，课程应注重培养学生的职业道德和职业素养。通过案例分析、职业伦理教育等方式，引导学生树立正确的职业观，培养他们在职场中具备高度的责任感和敬业精神。

2. 注重社会责任

劳动教育不仅关乎个体的职业责任，更应涉及社会责任。学生应当认识到他们所从事的行业对社会的影响，并积极参与社会公益活动。课程设计中可以加入社会责任感的培养模块，引导学生关注社会问题，主动参与社区服务，培养他们具备社会责任感的意识。

（三）拓展学生综合素养的目标

1. 跨学科融合

长远目标中，高校劳动教育课程应积极推动跨学科融合。不仅仅是专业知识的传授，还应通过与其他学科的交叉，培养学生具备综合素养。例如，与管理学、人文学科相结合，

使学生不仅熟悉技术操作，还能理解行业发展的社会背景，具备更全面的知识结构。

2.国际化视野

随着全球化的发展，高校劳动教育课程的长远目标还应包括培养学生具有国际化的视野。通过引入国际合作项目、开设跨文化交流课程，培养学生具备在国际舞台上竞争的能力。这有助于学生更好地适应全球化背景下的职业发展机会和挑战。

（四）实现个性化发展的目标

1.强调个性化发展规划

高校劳动教育课程的长远目标还应体现在个性化发展方面。学校可以通过设立个性化发展规划课程、导师制度等方式，帮助学生明确个人兴趣、优势和发展方向，制订个性化的职业发展计划。

2.多样化的教学模式

个性化发展需要多样化的教学模式来支持。高校劳动教育课程可以结合在线学习、实践实习、个性化导师辅导等手段，满足不同学生的学习需求，使他们在个性化发展中更好地发挥潜能。

（五）建立紧密的校企合作目标

1.开展产学合作项目

为了更好地对接实际职业需求，高校劳动教育课程的长远目标应包括建立更为紧密的校企合作。学校可以开展产学合作项目，将课程内容与企业需求更加贴合，提升学生在实际工作中的适应能力。通过与企业的深度合作，学生能够在真实的工作环境中学到更多实用的知识和技能。

2.推动实习实践机会

为了增强学生的实际经验，高校劳动教育课程应设法推动更多实习实践机会。建立广泛的企业实习基地，为学生提供更多选择，使他们能够在实际工作中不断提升自己的能力。这有助于缩小理论与实践之间的鸿沟，使学生更好地应对未来职业挑战。

（六）关注心理健康的目标

1.心理健康教育

高校劳动教育课程的长远目标还应注重学生的心理健康。在实际工作中，学生可能会面临各种压力和挑战，因此课程应包含心理健康教育的内容。学校可以设立心理咨询服务，帮助学生解决职业发展中的心理困扰，培养他们良好的心理素质。

2.平衡工作与生活

劳动教育的目标之一是使学生在职业生涯中能够平衡工作与生活。通过课程设置和辅导，帮助学生明确职业规划，同时注重家庭和社交生活。培养学生形成积极、健康的工作与生活平衡观念，提高他们的生活幸福感。

（七）持续关注行业发展的目标

1. 教师专业发展

为了保持劳动教育课程的长远有效性，学校需要重视教师的专业发展。鼓励教师参与产业实践、职业培训，紧密关注行业动态和发展趋势，确保他们具备最新的行业知识，能够更好地引导学生适应职业发展的需求。

2. 灵活调整课程

随着社会变革和科技发展速度的加快，高校劳动教育课程的长远目标还应包括灵活调整课程。及时更新课程内容，引入新兴技术和领域的知识，确保学生接受到最新、最实用的教育。灵活调整课程还包括根据学生的反馈和行业需求进行针对性的调整，以提高课程的适应性和实用性。

高校劳动教育课程的长远目标设定应当更加注重学生个体发展、社会责任感、综合素养等多方面的培养。劳动教育不仅仅是为了传授一定的职业技能，更是为了培养学生全面发展所需的各种素质。通过强调实际动手能力、提升职业责任感、拓展综合素养、实现个性化发展、建立校企合作、关注心理健康以及持续关注行业发展等目标的设定，可以更好地满足学生个性化发展的需求，培养适应未来社会发展的复合型人才。这些目标的实现需要学校、企业和社会的共同努力，建立起一个更加紧密的教育体系，为学生的职业发展提供更有力的支持。

第四节　课程内容与教学方法的选择

一、根据课程目标的内容组织与安排

课程目标是教学设计的出发点和归宿，对学生的学习方向和发展有着重要的指导作用。一个合理安排的课程目标既要紧扣社会需求和学科特点，又要关注学生的全面发展。下面将探讨如何根据课程目标的内容组织与安排教学，使之更好地服务于学生的综合素养培养和职业发展。

（一）明确课程目标的层次与分类

1. 宏观层次：明确国家和社会需求

在课程目标的组织与安排中，首先需要明确宏观层次的目标，即国家和社会对于相关领域的需求。这可能涉及当前社会的热点问题、产业发展方向等。例如，如果劳动教育的宏观目标是培养创新人才，那么课程就应该注重培养学生的实际动手能力、创新精神等。

2.中观层次：适应学科和专业要求

在中观层次，需要将宏观层次的目标细化为适应学科和专业要求的具体目标。这可能涉及具体的课程设置、教学方法等。例如，如果宏观目标是培养信息技术领域的人才，那么中观目标就可能包括学生掌握一定的编程技能、了解相关领域的前沿技术等。

3.微观层次：考虑个体差异与发展需求

微观层次是最为具体的层次，需要考虑学生的个体差异和发展需求。这包括学生的兴趣、学科偏好、职业规划等方面。在微观层次的目标中，可以考虑个性化的发展规划，以更好地满足学生的个体需求。

（二）设计多层次、多维度的课程目标

1.知识维度：确保学科知识的全面掌握

在知识维度上，课程目标应确保学生能够全面掌握相关学科的基础知识。这包括理论知识、实践技能等方面。课程目标的设计需要涵盖学科的主要内容，确保学生在离开校园后具备扎实的专业知识。

2.技能维度：培养实际应用和解决问题的能力

技能是课程目标中至关重要的一个维度。其不仅需要培养学生在实验室、工作场景中的实际操作技能，还需要培养他们解决问题的能力。这包括创新思维、团队协作、沟通技巧等方面的技能。

3.情感维度：注重职业素养和团队协作

情感维度是课程目标中容易被忽略的一部分。除了专业知识和技能，学生的职业素养、责任感、团队协作精神同样重要。课程目标应注重培养学生对职业的热爱、对工作的责任感，并鼓励他们在团队中发挥积极作用。

4.智能维度：激发创造力和批判性思维

在智能维度上，课程目标应致力于激发学生的创造力和批判性思维。这有助于使学生不仅仅是知识的接受者，更是能够主动思考、创新的个体。通过设计富有启发性的教学活动，可以激发学生的思维活跃度。

（三）以实际问题为导向的课程设计

1.选取实际案例与项目

以实际问题为导向的课程设计有助于使学生更好地将理论知识应用于实际。在课程目标的组织与安排中，可以选取相关行业的实际案例和项目，引导学生通过解决实际问题来

达成课程目标。

2. 强化实习与实践环节

实习和实践是劳动教育课程中至关重要的环节。通过与企业的合作，提供学生实际工作的机会，使他们在真实的工作环境中学到更多经验和技能。课程目标的组织与安排应充分考虑实习和实践环节的设置。

（四）建立评价机制与反馈体系

1. 制定明确的评价标准

在课程目标的组织与安排中，需要制定明确的评价标准。这包括知识的考核、技能的测试、项目的评估等方面。评价标准应贴近课程目标，能够客观地反映学生在不同维度上的发展水平。

2. 多元化的评价方式

为了更全面地了解学生的学习情况，评价方式应该是多元化的。除了传统的考试和作业，还可以采用项目展示、实际操作、小组讨论等方式进行评价。这有助于综合考查学生在知识、技能、情感和智能等方面的发展情况，促使他们在多个维度上取得均衡发展。

3. 建立有效的反馈体系

评价不仅是对学生的一种检测，更是对教学质量的反馈。建立有效的反馈体系，包括学生个体反馈、教师的定期反馈、企业实习导师的评价等，可以及时了解课程目标达成的情况，并对教学进行及时调整和改进。

（五）注重个性化发展，灵活调整课程

1. 个性化发展规划

在课程目标的组织与安排中，需要考虑学生的个体差异，注重个性化发展。可以通过个性化发展规划、导师制度等方式，帮助学生根据自身兴趣和发展方向，制订个性化的学习计划和职业规划。

2. 灵活调整课程内容

随着社会的不断变化和行业的发展，课程目标的组织与安排也需要保持灵活性。及时调整课程内容，引入新的知识和技能，删除过时的内容，以适应社会需求和行业变化。灵活调整课程还包括对教学方法和评价方式的不断优化。

（六）建立校企合作，强化实际应用

1. 明确校企合作的目标

在课程目标的组织与安排中，校企合作是不可忽视的一环。需要明确校企合作的目标，即通过合作使课程更符合行业需求、更贴近实际工作场景，帮助学生更好地实现职业发展

目标。

2. 实现深度融合

校企合作不仅仅是提供实习机会，更应实现深度融合。可以与企业共同制定课程目标，邀请企业专业人员参与课程设计和教学，使课程更具实际应用性。此外，通过定期的企业讲座、实地考察等方式，拓宽学生的视野，使他们更好地了解实际行业运作。

（七）强调实际操作，培养学生的实际动手能力

1. 设计实际操作环节

课程目标的组织与安排中，需要注重实际操作的设计。通过设计实际操作的环节，如实验课、实践项目等，培养学生的实际动手能力。这有助于加深对理论知识的理解，提高学生在实际工作中的适应能力。

2. 注重实际问题的解决

实际操作不仅仅是技能的锻炼，更应注重解决实际问题的能力培养。课程目标可以强调学生在实际项目中的问题解决能力，鼓励他们运用所学知识和技能解决实际工作中的挑战。

（八）建立良好的师生互动机制

1. 激发学生的学习兴趣

建立良好的师生互动机制需要激发学生的学习兴趣。在课程目标的组织与安排中，可以通过生动的案例、引人入胜的实例等方式，激发学生的好奇心和学习欲望。同时，教师的热情和积极参与也是激发学生兴趣的关键因素。

2. 鼓励学生参与课堂互动

课堂互动是师生之间密切联系的桥梁。在课程目标的组织与安排中，可以设置小组讨论、案例分析等活动，鼓励学生积极参与，分享自己的见解和经验。这有助于形成良好的学习氛围，提高学生的学习效果。

（九）关注学生心理健康，建立心理支持体系

1. 心理健康教育

学生的心理健康对于学习和发展至关重要。在课程目标的组织与安排中，应该关注学生的心理健康，设置心理健康教育的内容。这包括学生压力管理、情绪调控、自我认知等方面的培养，帮助学生更好地面对学业和生活的挑战。

2. 建立心理咨询服务

为了更好地支持学生的心理健康，可以建立心理咨询服务体系。提供专业的心理咨询师，为学生提供情绪释放、心理疏导等服务。通过及时的心理支持，可以帮助学生更好地

应对学业和生活中的压力。

（十）建立与行业相关的发展规划

1. 关注行业动态

在课程目标的组织与安排中，需要紧密关注所在行业的动态和发展趋势。及时了解行业的最新需求、技术变革等信息，以确保课程目标与实际行业需求保持一致。这可以通过与行业专业人士的交流、参与行业研讨会等方式实现。

2. 学生职业规划与导师支持

课程目标的组织与安排中，要注重学生的职业规划。为学生提供职业规划课程、职业测评和导师指导，帮助他们更好地了解自己的兴趣和潜力，制订个性化的职业发展计划。导师的支持和指导在学生职业规划中起着关键作用。

（十一）构建全员参与的课程管理体系

1. 教师团队协作

课程目标的组织与安排需要建立一个全员参与的课程管理体系。教师团队应该密切协作，共同商讨、设计课程目标，并确保教学过程中目标的顺利实施。教师之间的互相配合和信息共享是构建良好课程管理体系的关键。

2. 学生参与课程建设

学生是课程的主体，他们的参与对于课程目标的实现至关重要。在课程目标的组织与安排中，可以鼓励学生参与课程建设的过程，如通过学生代表参与课程设计、听取学生的反馈意见等方式，确保课程目标更贴近学生需求。

在根据课程目标的内容组织与安排中，需要充分考虑不同层次、不同维度的需求，并确保与社会、行业的实际需求相契合。多层次、多维度的课程目标可以更好地服务于学生的全面发展和职业发展。通过实际问题为导向的课程设计、建立良好的师生互动机制、注重个性化发展等措施，可以更有效地实现课程目标，为学生提供更为丰富和有针对性的学习体验。同时，建立心理支持体系、关注行业发展、构建全员参与的课程管理体系等方面的工作也是课程目标组织与安排中的关键环节。通过这些努力，可以更好地培养出适应社会需求的复合型人才。

二、多元教学方法在劳动教育中的应用

随着社会的不断发展和变革，劳动教育作为培养学生实际动手能力和实用技能的一种教育形式，受到了越来越多的关注。在劳动教育中，采用多元教学方法，旨在更好地满足学生多样化的学习需求，培养其综合素养，提高实践操作技能。下面将探讨多元教学方法

在劳动教育中的应用，以及这种应用对学生发展的影响。

（一）多元教学方法的概念和特点

多元教学方法是指在教学过程中采用多种不同的教学手段、方式和途径，以满足学生不同层次、不同兴趣、不同学习风格的需求。多元教学方法的核心理念是"因材施教"，通过提供多样化的学习体验，促进学生全面发展。其特点包括：

个性化定制：多元教学方法注重考虑学生个体差异，根据其学科特点、兴趣爱好和学习风格，灵活调整教学内容和方式。

多样性教学手段：多元教学方法包含多种教学手段，如小组合作学习、实践操作、案例分析、角色扮演等，通过不同的方式传递知识，提高学生的学科理解和实际操作能力。

跨学科整合：多元教学方法倡导跨学科整合，将不同学科的知识融合在一起，促使学生形成更为全面的认知结构，有助于培养学生的综合素养。

（二）多元教学方法在劳动教育中的应用

实践操作：在劳动教育中，实践操作是不可或缺的环节。多元教学方法可以通过实际动手操作、制作实物等方式，让学生更直观地理解和掌握所学的技能和知识。例如，在木工课程中，学生可以通过亲自动手制作家具，提升他们的手工技能和创造力。

小组合作学习：小组合作学习是多元教学方法的一种重要形式。在劳动教育中，学生可以被分成小组，共同完成一项任务或项目。通过合作学习，学生不仅能够分享经验，还能培养团队协作和沟通能力，提高解决问题的能力。

案例分析：引入实际案例分析可以使劳动教育更具实际意义。通过分析真实的问题和挑战，学生能够更深入地理解理论知识，并在解决问题的过程中培养创新思维。例如，在电子技术课程中，学生可以分析真实的电路故障案例，通过解决问题提升技能水平。

角色扮演：利用角色扮演可以让学生在模拟环境中进行实际操作，增加他们的参与感和学科体验。在烹饪课程中，学生可以扮演厨师的角色，模拟真实的厨房环境，锻炼他们的操作技能和应变能力。

跨学科整合：劳动教育不仅仅是一门独立的学科，还涉及多个学科领域。多元教学方法可以促进跨学科整合，将理论知识与实际操作相结合，使学生更全面地理解和应用所学知识。

（三）多元教学方法在学生发展中的影响

提高学习积极性：多元教学方法能够激发学生的学习兴趣，提高他们的学习积极性。通过多样化的教学方式，满足学生不同的学习需求，使学习变得更加生动有趣。

培养实际操作技能：劳动教育的目的之一是培养学生的实际动手能力。多元教学方法强调实践操作，使学生能够在真实的情境中应用所学知识，更好地掌握实用技能。

促进综合素养发展：多元教学方法注重学科知识的整合和综合应用，有助于培养学生的综合素养。学生在实践中不仅能获得专业技能，还能培养解决问题的能力和创新思维。

提升团队协作能力：采用小组合作学习形式，学生在团队中协作完成任务，促进了团队协作能力的培养。这对于今后的工作和生活，都是极为重要的能力。

加强实际问题解决能力：多元教学方法通过引入案例分析和实际问题，培养学生解决实际挑战的能力。这种能力对于他们将来在职场上遇到问题时的应对至关重要。

培养创新思维：在劳动教育中引入角色扮演和实践操作，有助于激发学生的创新思维。通过在模拟环境中进行实际操作和解决问题，学生可以培养创造性思维和创新能力。

提高自主学习能力：多元教学方法强调因材施教，尊重学生的个体差异。这有助于培养学生的自主学习能力，使其能够更好地根据个人兴趣和需求进行学习。

形成深度学习：通过多元教学方法，学生不仅能够掌握知识点，还能够形成深度学习，理解知识的本质和实际应用，为将来的职业发展奠定坚实基础。

培养跨学科思维：多元教学方法推动跨学科整合，促使学生不仅仅关注自身专业领域，还能够理解和应用其他学科的知识。这有助于培养学生的跨学科思维，提高他们在复杂环境中的适应能力。

促进职业素养发展：多元教学方法在劳动教育中的应用有助于培养学生的职业素养。学生通过实际操作和团队合作，不仅提升了专业技能，还养成了职业操守、责任心和团队协作等职业素养。

综上所述，多元教学方法在劳动教育中的应用对学生的发展具有深远的影响。多元教学方法能提供丰富多样的学习体验，满足学生多样化的学习需求，有助于培养学生的实际动手能力、实用技能，提高其解决问题和创新思维的能力。其不仅有助于学生更好地适应未来职业发展的要求，也为其全面发展提供了有力支持。因此，教育者在劳动教育中应积极探索和应用多元教学方法，以更好地促进学生的全面发展。

第五节　课程评估与质量保障

一、课程评估的维度与方法选择

课程评估是教育体系中的一项重要工作，它旨在衡量课程的有效性、学生的学习成果以及教学过程的质量。在进行课程评估时，我们需要考虑多个维度，并选择合适的方法来获取准确的信息。下面将探讨课程评估的主要维度，并分析在不同情境下选择合适的评估方法的原则。

（一）课程评估的主要维度

1.学习成果与目标达成度

学习成果是课程设计的核心，而目标达成度则是衡量学生是否达到既定目标的标准。在评估学习成果时，可以从以下几个方面进行考虑：

知识掌握与理解。评估学生对课程内容的知识理解和掌握程度。

技能应用。通过实际操作、项目作业等方式，评估学生在课程中学到的实际技能应用能力。

思维能力。评估学生的批判性思维、创造性思维等高阶思维能力。

学科态度。评估学生对学科的兴趣程度、学科态度的形成等。

2. 教学过程与方法效果

教学过程的质量对学生学习成果能产生深远影响。因此，评估教学过程和教学方法效果时，可以关注以下几个方面：

教学设计。评估课程设计是否符合学科特点、学生需求，是否能够激发学生的学习兴趣。

教学方法。评估教师在课堂上采用的教学方法是否多样化、灵活，并能够满足不同学生的学习需求。

学科整合。评估是否成功实现了跨学科的整合，使学生能够全面理解和应用知识。

反馈机制。评估教师提供的反馈是否及时、具体，是否帮助学生改进学习。

3.学生的参与度与满意度

学生的参与度和满意度反映了他们对课程的认同程度和学习体验的感受。评估学生的参与度和满意度时，可以考虑以下几个方面：

课堂参与。评估学生在课堂上的积极参与程度，包括提问、讨论、小组活动等。

学习体验。通过问卷调查、访谈等方式，获取学生对于课程学习体验的主观感受。

教材评估。考查学生对于教材的使用和质量的评价，以及教材是否满足他们的学习需求。

4. 社会实践与职业发展

一些课程的目标可能涉及学生的社会实践和职业发展。在评估这方面的维度时，可以关注：

实习效果。评估学生在实习或实践环节中的表现，以及实践对他们职业发展的影响。

职业素养。评估学生是否具备与专业相关的职业素养，包括沟通能力、团队协作等。

社会影响。评估课程是否能够培养学生对社会的责任感和影响力。

（二）评估方法的选择原则

1.综合性原则

在评估中应采用综合性的方法，综合利用定性和定量数据，以全面了解课程效果。定量数据如考试分数、学生问卷的统计结果，提供了客观的、量化的信息；而定性数据如学生的访谈、教学观察的记录，能够深入挖掘问题的原因和背后的情境。

2.多元化评估方法

应采用多元化的评估方法，包括但不限于：

笔试和实践操作相结合。通过笔试考核学科理论知识，通过实践操作考核学生实际技能应用能力。

问卷调查和访谈结合。通过问卷获取大量学生的反馈，通过访谈深入了解个别学生的看法和经验。

课堂观察和学生自评结合。通过教师对课堂的观察了解教学过程，通过学生自评获取他们对学习的主观认知。

3.周期性评估

课程评估不应仅仅是一次性的，而是一个周期性的过程。周期性评估有助于发现问题并及时调整教学策略，保持课程的动态性。定期进行评估也能够追踪学生在不同学期的学业表现和发展状况，为未来的课程改进提供有效的参考。

4.参与式评估

鼓励学生和教师的主动参与是课程评估的重要原则。学生可以通过参与评估过程，分享他们的感受、建议和需求，从而使评估更加全面和真实。教师也应该参与到评估中，反思自己的教学方法，与学生共同探讨如何改进课程。

5.技术辅助手段

利用现代技术手段进行课程评估，不仅提高了数据的采集效率，还拓展了评估手段的多样性。在线问卷、电子考试、学习分析工具等可以为评估提供更多的定量数据，同时也能够利用社交媒体等平台获取学生的实时反馈。

6.反馈闭环机制

建立一个完善的反馈闭环机制是课程评估的重要环节。在获得评估结果后，教师应及时进行反思和调整，向学生反馈评估结果，并在下一次课程中加以改进。这种反馈闭环机制有助于不断优化教学过程，提高课程质量。

（三）评估方法的具体选择

1. 定量评估方法

考试与测验：通过正式的考试和测验，评估学生对课程知识点的理解和掌握情况。

学科成绩分析：统计学科成绩分布，了解学生整体表现，发现可能存在的问题。

学生问卷调查：采用量化的问卷调查方式，获取学生对于教学质量、课程难度、教材使用等方面的评价数据。

2. 定性评估方法

教学观察：通过教师或专业观察员对课堂教学过程进行观察，了解教学方法、互动情况等。

访谈：与学生、教师或相关专业人士进行深度访谈，获取他们对课程的主观看法和建议。

焦点小组讨论：组织小组讨论，深入了解学生对课程的意见、建议以及可能的改进建议。

3. 实践性评估方法

项目作业评估：通过要求学生完成实际项目作业，评估他们的实际技能应用能力。

实习或实践评估：对学生在实际实习或实践中的表现进行评估，了解他们在实际工作场景中的能力。

展示与演示：要求学生展示他们在课程中学到的技能，通过观察和评价展示效果。

4. 技术辅助评估方法

在线学习分析：利用在线学习平台的分析工具，收集学生在线学习行为数据，了解学习进度和行为习惯。

虚拟实验和模拟：利用虚拟实验和模拟软件，评估学生在模拟环境中的实际操作能力。

教学管理系统数据分析：利用教学管理系统的数据，分析学生的在线作业成绩、访问频率等信息。

综合考虑学习成果、教学过程、学生参与度和社会实践等多个维度，并灵活选择定量、定性和实践性的评估方法，是进行全面、有效课程评估的关键。评估不仅仅是对课程本身的检视，更是对教育理念、教学策略的不断反思和完善过程。通过科学合理的评估，可以不断提高教学质量，满足学生多样化的学习需求，为教育体系的发展注入更多的活力。

二、学生参与评估与反馈机制

学生参与评估和反馈机制是现代教育体系中的一项重要实践，旨在建立起一种互动性、合作性的教学环境，使学生更积极地参与到教学过程中，同时也为教师提供了宝贵的信息，以不断优化教学质量。下面将探讨学生参与评估的意义、学生参与评估的维度，以及搭建有效的反馈机制的方法。

（一）学生参与评估的意义

1. 提高学生的学习动力

学生参与评估能够激发他们的学习兴趣和学习动力。通过参与评估，学生能够感受到他们对学习过程的掌控力，有助于建立一种积极向上的学习态度，提高对学科知识的主动探求欲望。

2. 促进自主学习

学生参与评估使其更具自主学习的能力。通过参与制定学习目标、评价标准，学生能够更清晰地认识到自己的学习方向和发展需求，从而更好地制订学习计划，培养自主学习的能力。

3. 提高学生的批判性思维和反思能力

参与评估过程可以培养学生的批判性思维和反思能力。学生在评估中需要对自己的学习进行深入的分析和思考，这有助于他们形成独立、理性的思维方式。

4. 增强学生的责任心和团队协作能力

学生参与评估过程中需要对自己的学习过程负责，同时也需要与他人协作完成评估任务。这有助于培养学生的责任心和团队协作能力，为其将来的职业和社会生活奠定基础。

5. 建立积极的教学互动关系

学生参与评估能够促进师生之间的互动关系。通过与教师共同参与评估，学生感受到了教师对他们的尊重和信任，从而建立起了更加积极的教学互动关系。

（二）学生参与评估的维度

1. 制定学习目标和评价标准

学生可以参与制定学习目标和评价标准。他们可以与教师一起讨论、明确期望的学习成果，从而更明确学习的方向和标准。

2. 课堂参与和互动评价

学生的课堂参与和互动对于教学过程至关重要。通过学生的主动提问、小组讨论、展示等方式，可以评估学生对知识点的理解和运用情况。

3. 作业和项目评估

学生可以参与到作业和项目的评估中。在教师的指导下，学生可以参与制定评价标准，评估自己和同学的作业或项目，这有助于培养学生的批判性思维和团队协作能力。

4. 自我评估和同伴评估

学生通过自我评估能够更全面地认识到自己的学习状况，发现自身的优势和不足。同时，同伴评估使学生在互相交流和反馈中受益，促进学科合作。

5. 课程评价和建议

学生可以参与对整个课程的评价和提出改进建议。这包括教材的使用、教学方法、课程组织等方面，有助于教师了解学生的真实需求，从而进行及时的调整和优化。

（三）搭建有效的反馈机制

1. 及时性反馈

反馈应该是及时的，不仅包括学术性的评价，还包括鼓励和建议。及时的反馈有助于学生更好地理解自己的学业表现，及时纠正错误，调整学习方向。

2. 多样化反馈方式

反馈方式应该多样化，不仅包括口头反馈，还可以利用书面反馈、电子邮件、在线平台等多种方式。这样有助于满足不同学生的接受方式，提高反馈的有效性。

3. 建立学习档案

建立学生的学习档案，记录其学术表现、参与情况、自我评价等信息。学生和教师可以随时查阅，形成一个全面的学习记录，帮助学生更好地认识自己的学习历程。

4. 鼓励学生参与评估和反馈

教师应该鼓励学生积极参与评估和反馈过程，建立一个开放、信任的学习环境。鼓励学生分享他们的看法、感受和建议，使其感到自己的声音被重视，从而更加愿意参与到教学过程中。

5. 定期举行反馈会议

定期举行反馈会议，让学生与教师共同参与。在这些会议上，可以讨论学生的学习状况、教学方法的效果以及可能的改进措施。通过面对面的交流，可以更深入地了解学生的需求和反馈。

6. 建立在线平台

建立在线平台，使学生能够方便地提供反馈和参与评估。这可以包括在线调查问卷、论坛讨论、电子邮件反馈等形式，为学生提供一个灵活、便捷的反馈通道。

7. 培养学生对反馈的接受能力

学生需要培养对反馈的积极态度，将其视为成长和改进的机会而非批评。教师可以通过引导学生正确看待反馈、鼓励他们主动寻求反馈等方式，培养学生对反馈的接受能力。

8. 教师示范和引导

教师应该示范如何进行有效的自我评估和同伴评估，同时引导学生学会正确地评估自己和他人。通过示范，可以帮助学生理解评估的目的和方法，提高其参与评估的效果。

9. 定期调查学生满意度

定期进行学生满意度调查，了解学生对教学、课程设置、教学方法等方面的满意度。通过调查结果，教师可以及时发现问题，调整教学策略，提高教学效果。

（四）挑战与解决方案

1. 学生对于评估的抵触心理

有些学生可能对于参与评估存在抵触心理，担心其反馈会被用于批评或影响自己的评价。解决方案包括：

明确评估目的。让学生了解评估的目的是帮助他们更好地学习和发展，而非单纯的批评。

保护隐私。确保学生的个人信息和评价内容是受到保护的，不会被泄露或用于其他用途。

2. 学生反馈质量参差不齐

有些学生可能缺乏对自己学习情况的深刻认识，导致反馈质量不高。解决方案包括：

培训学生的评估技能。在课程中为学生提供一些评估技能培训，帮助他们更好地理解自己的学习过程，提高反馈质量。

引导具体问题。引导学生提供具体、详细的反馈，而非泛泛而谈，有助于提高反馈的实用性。

3. 教师对学生反馈的不适当处理

有时教师可能对学生的反馈过于敏感或不够理性，导致无法有效地利用反馈改进教学。解决方案包括：

教师专业发展。为教师提供专业发展机会，培养其正确处理学生反馈的能力。

建立沟通渠道。建立教师与学生之间的良好沟通渠道，使得反馈能够以更为平等和开放的方式进行。

学生参与评估与反馈机制是建设性教育体系中的关键环节。通过激发学生的学习兴趣、提高其自主学习能力、培养批判性思维和团队协作能力，学生参与评估为教育的全面发展提供了有力支持。搭建有效的反馈机制，则为教师提供了改进教学的实际工具，促进了教育质量的提升。通过不断改进和创新，可以使学生参与评估和反馈机制更加有效，更好地满足教学和学习需要。

第三章 高校劳动教育课程设计模型

第一节 课程设计的模型与框架

一、传统课程设计模型回顾

课程设计是教学活动中至关重要的一环，它直接影响着学生的学习效果和教学质量。在教育领域，传统课程设计模型是一个长期存在且被广泛使用的框架，它为教师提供了一种有序的方式来规划和组织课程内容。下面将对传统课程设计模型进行回顾，探讨其特点、优势、劣势以及在当今教育环境中的应用。

（一）传统课程设计模型的特点

1. 线性结构

传统课程设计模型通常呈线性结构，按照一定的步骤和顺序进行，如"前言—导入—知识点1—知识点2—实例分析—总结"等。这种结构使得课程内容有条不紊地进行，具有一定的逻辑性。

2. 教师主导

在传统课程设计中，教师通常是主导者，负责确定教学目标、安排课程内容、选择教材和制定评估方式。学生在这个过程中扮演着被动接受者的角色。

3. 面向群体

传统课程设计更注重对整个群体的教学，教师设计的教学内容和方法通常是面向整个班级的，而不太考虑个别学生的差异性需求。

4. 以知识传递为主

这种模型更偏向知识传递，教师主要通过讲述、演示、演练等方式将知识传递给学生，强调学生对知识的接受和记忆。

（二）传统课程设计模型的优势

1. 结构清晰

传统课程设计模型具有清晰的结构，有助于教师有条不紊地安排和展开教学过程。这种结构性的设计使得教学更易于管理和组织。

2. 教学效率高

线性结构和教师主导的特点使得教学过程更加高效。教师可以根据预定的步骤进行教学，节省了教学时间，有助于完成既定的教学目标。

3. 适用于某些学科

对于一些基础知识和技能传授较为直接的学科，传统课程设计模型是相对适用的。例如，数学、物理等学科的基础概念和定理可以通过线性结构的教学模式较为清晰地传达给学生。

4. 易于评估

传统课程设计模型在课程结束后，通过考试、作业等形式相对容易进行评估。教师可以依据设定的目标，通过量化的方式对学生的学习成果进行评价。

（三）传统课程设计模型的劣势

1. 忽略学生的个体差异

由于传统课程设计主要面向整个群体，容易忽略学生的个体差异。某些学生可能在某些知识点上有更深刻的理解，而另一些学生可能需要额外的支持。

2. 缺乏互动与合作

传统课程设计模型更注重教师对学生的单向传递，缺乏学生之间的互动和合作。这可能导致学生对课程的兴趣缺失。

3. 难以应对变化

在信息技术和社会变革的今天，传统课程设计模型难以适应快速的变化。它相对僵化，不太灵活，难以满足不同学科和教学需求的多样性。

4. 过度强调考试导向

传统课程设计模型容易使教学过程过度强调考试导向，过分注重学生的成绩，而忽视学生综合素质和能力的培养。

（四）传统课程设计模型在当今教育中的应用

1. 基础知识教学

传统课程设计模型在基础知识教学方面仍然具有一定的适用性。对于基础学科如数学、语文等，线性结构的教学模式有助于清晰地传递基础知识。

2. 技能培养

在某些需要技能培养的领域，传统课程设计模型也可以发挥作用。例如，职业培训中的某些技术课程，线性结构有助于按步骤进行技能培养。

3. 辅助在线教学

传统课程设计模型可以作为在线教学的辅助手段，通过明确的结构和步骤帮助在线教学更加有序和易管理。

4. 整体教学规划

在整体教学规划中，传统课程设计模型可以作为一个框架，帮助教育机构设计和组织课程。例如，可以使用传统的线性结构来确定整个学期的教学计划，确保内容的有序展开。

5. 学科基础课程

对于学科基础课程，传统课程设计模型仍然是一种常见的选择。这些课程通常需要系统地传授基础知识，而传统模型的结构有助于确保内容的完整性和逻辑性。

6. 备课和评估

在教师进行备课和评估时，传统课程设计模型可以提供一个系统的框架，帮助教师有条不紊地准备课程材料、设计教学活动，并进行有效的学生评估。

传统课程设计模型在教育领域有着悠久的历史，曾经为教学提供了清晰的框架和有效的组织方式。然而，随着社会的变革和教育理念的不断更新，传统模型也面临着一系列的挑战。在适应新时代的需求和趋势下，课程设计需要更加灵活、个性化、实践导向和多元化。

未来的课程设计应当以学生为中心，注重个性化发展，培养学生的创新能力、团队协作精神和实践能力。同时，教师也需要不断提升自己的教学水平，积极融入新技术、新理念，实现教育的创新和升级。综合而言，未来的课程设计需要在保留传统优势的基础上，更加灵活地应对多元的学习需求，为学生提供更具有深度和广度的教育体验。

二、现代高校劳动教育课程设计框架构建

随着社会的不断发展和高校教育理念的更新，劳动教育逐渐被认为是培养学生全面素质的重要途径之一。现代高校劳动教育旨在通过实践活动，培养学生的动手能力、实际操作能力、团队协作能力等综合素养。下面将探讨现代高校劳动教育课程设计的框架构建，旨在为高校教育工作者提供有关构建劳动教育体系的指导。

（一）背景与意义

1. 背景

传统上，高校教育主要注重理论知识的传授，而忽视学生实际操作和实践能力的培养。然而，随着社会对综合素质人才的需求不断提高，劳动教育逐渐受到重视。现代劳动教育不再局限于技能培养，更强调培养学生的创新意识、解决问题的能力以及团队协作与沟通能力。

2. 意义

构建现代高校劳动教育课程框架具有重要的意义。首先，劳动教育能够促使学生将理论知识与实践相结合，更好地理解和应用所学内容。其次，通过实际操作，学生能够培养实际解决问题的能力，提高创新意识。最后，劳动教育还能够培养学生的动手动脑能力，增强团队合作和沟通协作的能力，为其未来职业发展打下坚实基础。

（二）现代高校劳动教育课程设计框架

1. 课程目标设定

现代高校劳动教育课程设计的第一步是设定明确的课程目标。这些目标应该具体、可测量，并能够反映出学生在课程结束时所应具备的能力和素质。可能的目标包括：

培养动手实践能力。学生能够熟练掌握一定的实际操作技能，包括但不限于手工制作、机械操作、实验室操作等。

促进创新思维。学生具备一定的创新意识，能够在实际问题解决中提出创新性的解决方案。

强化团队协作。学生能够在小组或团队中有效协作，分工合作，共同完成任务。

培养实际问题解决能力：学生具备分析和解决实际问题的能力，能够将理论知识应用到实践中。

2. 课程内容设计

基于设定的课程目标，制定合理的课程内容。内容设计要充分融合理论知识和实际操作，确保学生既能够理解相关理论，又能够通过实际动手操作进行实践。可能的课程内容包括：

实际操作技能培养。课程内容应包括一系列实际操作任务，如手工制作、机械装配、电子电路搭建等，以培养学生的动手实践能力。

项目式学习。通过实施一定的项目，学生能够在项目中应用所学知识，提升解决实际问题的能力，同时锻炼团队协作与管理能力。

实验和实地考察。安排实验和实地考察环节，使学生能够近距离地接触实际工作场景，深入了解行业实际情况。

创新设计任务。设计一些创新性较强的任务，要求学生通过团队协作，提出并实施创新的设计方案。

3. 教学方法选择

选择适当的教学方法是构建现代高校劳动教育课程的关键，灵活多样的教学方法能够更好地激发学生的学习兴趣和主动性。常见的教学方法包括：

问题导向教学法。提出实际问题，通过学生分析问题、提出解决方案并实际操作的方式，引导学生深入学习。

项目驱动学习。以项目为载体，通过实际项目的设计与实施，培养学生的动手实践能力。

合作学习法。通过小组合作学习，培养学生的团队协作与沟通合作能力。

实验教学法。安排实验环节，使学生亲身参与实验操作，深化对理论知识的理解。

导师制度。设置导师，为学生提供个性化的指导和辅导，帮助他们更好地完成实践任务和解决实际问题。

4. 评估与反馈机制建立

为了确保课程目标的达成，需要建立科学有效的评估与反馈机制。评估不仅仅是对学生表现的量化，更要注重对其实际能力和综合素养的全面评价。可能的评估手段包括：

实际操作评估。通过对学生实际操作的考核，评估其动手能力和实际操作水平。

项目成果评估。对学生完成的项目成果进行评估，注重项目的实际效果和解决问题的能力。

团队协作评估。通过团队合作项目，评估学生在团队中的协作与沟通能力。

创新设计评估。针对创新设计任务，评估学生提出的创新方案的合理性和实施效果。

评估的过程需要注重定期反馈，及时发现学生在学习中的问题和不足，为其提供有效的指导和改进建议。反馈机制可以包括：

定期小结与讨论。安排课程小结和学生座谈，共同总结学习经验，提出改进建议。

导师指导。导师通过定期的辅导和指导，为学生提供个性化的学术和职业建议。

同学互评。引导学生进行同学互评，促使他们从不同角度了解自己在团队中的表现。

反馈问卷。发放匿名反馈问卷，让学生对课程内容、教学方法等进行匿名评价，为教学改进提供依据。

5. 跨学科整合

为了使劳动教育更加全面，可以考虑跨学科整合，将相关学科知识融入劳动教育中。这有助于拓宽学生的知识视野，使其在实际操作中能够更好地应用跨学科的知识。可能的整合方式包括：

与工科、理工科专业合作。与工程、机械等专业合作，引入相关专业知识，为学生提供更深入的学科背景。

与创意设计、管理专业合作。引入创意设计、项目管理等专业知识，培养学生的创新意识和团队协作能力。

与社会学、心理学专业合作。引入社会学和心理学等专业知识，帮助学生更好地理解团队协作中的人际关系和团队心理动态。

6. 利用现代科技手段

借助现代科技手段，可以使劳动教育更具创新性和实效性。可能的利用方式包括：

虚拟实验与模拟。利用虚拟实验室和模拟软件，提供更安全、经济的实验环境，帮助学生进行实际操作的模拟。

在线合作平台。利用在线平台，搭建学生合作和交流的网络平台，促进学生团队协作。

远程实习与实训。利用远程技术手段，组织学生进行远程实习，拓宽他们的实际操作经验。

智能化评估系统。利用智能化系统，对学生的实际操作进行实时监测和评估，提供个性化的反馈。

（三）实施策略与挑战

1. 实施策略

师资队伍建设：为了保障课程的高质量实施，需要建设具备丰富实践经验的师资队伍。可以通过培训、引进实践型教师、搭建师资交流平台等方式，提升教师的实践能力。

设备与资源支持：提供充足的实践场地、设备和材料，确保学生能够在良好的实践环境中进行学习。与企业、社区等建立合作关系，共享资源。

引入企业实践项目：与企业合作，引入真实的实践项目，为学生提供更贴近实际的实践机会，加深他们对行业的了解。

建立产学研结合平台：建立产学研结合的平台，使学校、企业和研究机构形成合作共赢的局面，促进知识和经验的共享。

2. 面临的挑战

资源不足：劳动教育需要较多的实践场地、设备和材料，但有些学校可能因为资源不足而难以提供良好的实践条件。

师资水平不一：一些教师可能缺乏实践经验，导致他们在实践教学中难以有效引导学生。因此，师资队伍水平不一也是一个挑战。

学科整合困难：实现跨学科整合需要学科间的密切合作，但不同学科之间的沟通和协作可能面临一定的困难，特别是在课程设计和实施过程中。

评估难度：劳动教育的评估相对复杂，难以通过传统的考试方式全面评估学生的实践能力和综合素质，因此需要研究出更科学有效的评估方法。

学生兴趣不一：学生对不同类型的劳动教育可能有不同的兴趣，如何在满足课程目标的前提下激发学生的兴趣是一个挑战。

技术更新换代：劳动教育需要与行业实践紧密结合，但一些实践技术可能会因为技术的更新换代而导致课程内容相对滞后。

现代高校劳动教育课程设计框架的构建需要根据实际情况，明确课程目标，设计合理的课程内容，选择科学有效的教学方法，建立完善的评估与反馈机制；同时面对一系列的挑战，需要通过师资队伍建设、资源支持、产学研合作等策略来解决。未来，劳动教育需要不断创新发展，紧密结合行业实际需求，注重培养学生的实际操作能力、创新能力和团队协作能力，以更好地满足社会对高校毕业生的全面素质要求。

第二节　基于任务驱动的课程设计

一、任务驱动教学理念的介绍

随着教育理念的不断演进和教学模式的不断创新，任务驱动教学理念逐渐成为教育领域的热点之一。任务驱动教学注重将学习与实际任务相结合，强调学生在解决实际问题和完成具体任务的过程中获取知识和技能。下面将对任务驱动教学理念进行详细介绍，包括其基本原理、实施方法、优势以及在不同教育阶段的应用等方面。

（一）任务驱动教学的基本原理

1. 任务驱动教学的定义

任务驱动教学是一种以学生面临的实际任务和问题为出发点，通过解决这些任务和问题来推动学习的教学理念。在任务驱动教学中，任务被视为学习的动力和目标，学生通过完成任务来获取知识、培养技能，并在实践中形成对知识的深刻理解。

2. 基本原理

任务驱动教学理念基于一系列的基本原理：

学习是目标导向的。任务成为学习的目标，学生通过完成任务实现对知识和技能的掌握。

学习是实践的。学习不仅仅是理论知识的获取，更是在实践中应用和运用所学知识的过程。

学习是社会化的。学习通过合作和交流完成，学生之间相互合作、分享经验，形成社会性的学习过程。

学习是自主的。学生在任务中扮演积极的角色，能够自主选择学习的路径和方式，提高学习的自主性和主动性。

（二）任务驱动教学的实施方法

1.任务设计

任务设计是任务驱动教学的关键环节。教师需要精心设计任务，确保任务能够贴近学科内容，同时具有一定的挑战性和启发性。任务设计应考虑学生的学习水平、兴趣和实际应用场景，激发学生的学习动机。

2.学习资源提供

任务驱动教学需要教师为学生提供丰富的学习资源，包括但不限于书籍、文献、网络资源、实践工具等。学习资源的提供应当支持学生完成任务，并激发他们主动探究和学习的欲望。

3.学习环境构建

为了更好地支持任务驱动教学，教师需要构建良好的学习环境。这包括创设合适的学习空间，提供必要的设备和工具，以及培养积极的学习氛围。学习环境的构建有助于学生更好地融入任务驱动的学习过程。

4.学习支持与引导

虽然任务驱动教学强调学生的自主学习，但教师仍然在学习过程中发挥着重要作用。教师应当提供学习支持，包括解答问题、指导学习方法、鼓励学生表达自己的观点等。同时，教师也要在任务完成过程中给予适当的引导，确保学生在任务中获得有效的学习经验。

5.任务评估

任务评估是任务驱动教学的重要组成部分。评估不仅关注学生最终任务的完成情况，更注重学生在任务过程中展现的学习能力、解决问题的能力、团队协作能力等方面。评估方法可以包括个人作业评估、小组任务评估、同学互评等形式，以多角度全面了解学生的学习情况。

6.反馈机制

在任务驱动教学中，建立有效的反馈机制对于学生的学习至关重要。及时、具体的反馈可以帮助学生更好地了解自己的优势和不足，指导他们在学习中不断调整和改进。教师可以通过口头反馈、书面评语、座谈会等形式提供反馈，也可以借助技术手段，如在线平台或应用程序，为学生提供个性化的反馈。

（三）任务驱动教学的优势

1.增强学习动机

任务驱动教学将学习和实际任务相结合，使学习变得更有实际意义。学生在解决具体问题和完成实际任务的过程中感受到成就感，从而增强学习动机，更愿意投入学习。

2. 提高学习效果

任务驱动教学注重实际操作和实践应用，有助于学生将理论知识转化为实际能力。通过实际任务的完成，学生能够深入理解知识，并更好地掌握所学内容，提高学习效果。

3. 培养实际应用能力

任务驱动教学强调学生在解决实际问题中培养实际应用能力。学生通过任务驱动的学习，不仅能够获得理论知识，还能够将这些知识应用到实际情境中，培养实际解决问题的能力。

4. 发展团队协作能力

在任务驱动教学中，学生通常需要合作完成任务，这有助于培养他们的团队协作和沟通能力。通过与同学合作，学生可以分享观点、整合资源，共同完成任务，培养团队协作精神。

5. 强化自主学习

任务驱动教学强调学生在任务中的主动性和自主性。学生在任务中自主选择学习路径、解决问题的方法，提高了他们的自主学习能力。这有助于培养学生对学习的自我驱动和管理能力。

（四）任务驱动教学在不同教育阶段的应用

1. 小学阶段

在小学阶段，任务驱动教学可以通过设计与学科知识相关的实际任务，激发学生对知识的兴趣。例如，在学习自然科学的过程中，可以设计一些小实验让学生动手操作，通过观察、实验获得科学知识。

2. 初中阶段

初中阶段的任务驱动教学可以更加注重学科知识与实际生活的结合。教师可以设计一些与日常生活相关的项目任务，引导学生在解决实际问题的过程中学习科学、数学、语言等知识。

3. 高中阶段

在高中阶段，任务驱动教学可以更加注重学科知识的深度应用和实际问题的解决。例如，在物理学科中，可以设计一些与实际工程应用相关的项目，要求学生结合所学知识解决实际工程问题。

4. 大学阶段

在大学阶段，任务驱动教学可以更加注重学生的实际研究和创新能力的培养。教师可以设计一些复杂的项目，要求学生进行深度的研究和实践，提高他们在专业领域的实际应用水平。

（五）任务驱动教学的挑战与应对策略

1. 学科内容整合难度

任务驱动教学要求学科内容能够与实际任务相结合，但学科内容的整合可能面临困难。教师可以通过跨学科合作，借助团队的力量整合学科内容，设计更有深度的任务。

2. 任务设计的复杂性

设计合适的任务需要考虑多个因素，包括学科知识、学生水平、任务难度等。教师可以通过多年教学经验积累，借鉴优秀案例，逐步提高任务设计水平。

3. 评估方法的多样性

任务驱动教学注重学生的实际能力和素养，评估方法需要更多样化。教师可以综合运用考试、实际项目成果评估、同学互评等多种评估方法，全面了解学生的学习情况。

4. 学生自主学习能力不足

任务驱动教学要求学生具备较强的自主学习能力，但部分学生可能缺乏这方面的经验。教师可以通过培训和指导，帮助学生逐渐提升自主学习能力。可以采取以下策略：

设置学习导向的任务。引导学生完成能够提升他们自主学习能力的任务，如自主查阅资料、制订学习计划等。

提供学习资源和工具。教师可以为学生提供多样化的学习资源和工具，使他们能够更好地自主学习。这包括书籍、网络资料、实践工具等。

组织学习小组。鼓励学生组建学习小组，互相合作、分享经验。在小组中，学生可以共同解决问题、相互学习，提高他们的自主学习和协作能力。

提供定期反馈。及时给予学生学习成果的反馈，指导他们在学习过程中发现问题、调整学习策略，逐渐形成自主学习的习惯。

任务驱动教学理念的兴起为教育注入了新的活力，强调学习与实际任务的结合，倡导学生在解决问题和完成任务中获取知识、培养技能。通过任务驱动教学，学生能够更好地理解知识、提高实际应用能力，并在团队协作中培养社会交往和沟通技能。在不同教育阶段，任务驱动教学都有着广泛的应用前景，可以更好地满足学生多元化的学习需求。当然，任务驱动教学也面临着一些挑战，如任务设计的难度、学科整合的复杂性等，但通过合理的策略和教学手段，这些挑战是可以克服的。

综上所述，任务驱动教学作为一种注重实际任务和问题解决的教育理念，不仅推动了教学模式的创新，更为学生提供了丰富、有趣的学习体验。在未来的教育实践中，可以进一步探索和发展任务驱动教学，以更好地适应社会和学生的需求，培养更具实际应用能力和创新精神的新一代人才。

二、任务设计在高校劳动教育中的应用

随着社会对综合素质人才需求的日益增长，高校劳动教育逐渐受到更多关注。任务设计作为一种注重实践操作和问题解决的教学方法，在高校劳动教育中具有重要的应用前景。下面将探讨任务设计在高校劳动教育中的应用，包括任务设计的基本原理、实施方法、优势以及在不同专业领域的应用等方面。

（一）任务设计在高校劳动教育中的基本原理

1. 任务设计的定义

任务设计是一种以学习任务为核心的教学方法，通过设置实际任务和问题，引导学生在解决问题的过程中学习知识和培养实际操作能力。在高校劳动教育中，任务设计不仅注重学科知识的传授，更侧重培养学生在实际工作中所需的实践技能和综合素质。

2. 基本原理

任务设计在高校劳动教育中的基本原理包括：

实际问题导向。任务设计应该围绕实际问题展开，模拟或引导学生面对真实工作场景，使学习更具实际意义。

学科知识融入。任务设计需要紧密结合专业知识，使学生在解决问题的过程中不仅能够应用知识，还能够加深对学科知识的理解。

任务复杂性。任务设计应当具有一定的难度和复杂性，激发学生克服困难的动力，提高其解决问题的能力。

团队协作。任务设计可以通过组队形式，鼓励学生之间相互合作，培养团队协作和沟通能力。

（二）任务设计在高校劳动教育中的实施方法

1. 任务设置

在高校劳动教育中，任务设置是任务设计的关键环节。教师可以结合专业特点和实际需求，设计符合学科背景的任务，确保任务的合理性和挑战性。例如，在工程类专业中，可以设计与实际工程项目相关的任务，要求学生模拟解决真实工程问题。

2. 学习资源提供

任务设计需要充分利用各类学习资源，为学生提供必要的支持。这包括文献资料、实践工具、实验设备等。教师应当提前准备好相关资源，确保学生在任务执行过程中能够充分获取所需信息和工具。

3. 实践环境构建

为了更好地支持任务设计，实践环境的构建至关重要。这包括实验室的配置、工作场地的设置等。良好的实践环境能够为学生提供更真实的学习场景，增强他们在实际工作中的实操能力。

4. 学习支持与引导

任务设计中，学习支持与引导同样重要。教师在任务执行过程中应提供及时的指导，解答学生遇到的问题，引导学生合理安排学习进程。通过定期的讨论和辅导，教师可以帮助学生更好地完成任务。

5. 任务评估

任务设计的最终目的是培养学生的实际应用能力，因此任务评估显得尤为重要。评估不仅仅关注任务完成的结果，更注重学生在解决问题的过程中展现的学科素养、团队协作能力等。评估方法可以包括任务报告、小组展示、实际操作评估等。

（三）任务设计在高校劳动教育中的优势

1. 提升实践能力

任务设计强调实际问题的解决，通过任务完成过程中的实际操作，学生能够提升实践能力。这种实践性的学习方式有助于将理论知识转化为实际应用能力。

2. 培养团队协作精神

在任务设计中，常常通过小组合作的方式完成任务。这种团队协作的模式有助于培养学生的协作意识、沟通能力和团队协作精神，提高他们在团队中的工作效率。

3. 提高问题解决能力

任务设计强调学生通过解决实际问题来学习，这有助于提高学生的问题解决能力。面对任务中的挑战，学生需要分析问题、制定解决方案，从而培养独立思考和解决问题的能力。

4. 加深对专业知识的理解

任务设计不仅仅注重实际操作，同时也融入了相关的专业知识。通过任务的执行，学生能够加深对专业知识的理解。任务设计将理论知识与实际应用相结合，使学生更加深入地理解专业知识的实际应用场景，提高他们的专业素养。

5. 提升学生的学习动机

由于任务设计注重实际问题和实践操作，学生在任务完成过程中能够感受到实际成果，这有助于提升他们的学习动机。相比于传统教学方式，任务设计更能激发学生对学习的兴趣和热情。

（四）任务设计在不同专业领域的应用

1. 工程类专业

在工程类专业中，任务设计可以模拟真实的工程项目，要求学生围绕特定的工程问题进行调研、设计和实践。例如，在土木工程专业中，可以设计一个实际的桥梁设计项目，要求学生考虑材料选择、结构设计、成本估算等问题。

2. 信息技术类专业

在信息技术类专业中，任务设计可以包括软件开发、系统设计等实际项目。学生需要通过团队协作完成软件开发任务，模拟真实的软件项目开发流程，提高他们的编程技能和团队协作能力。

3. 医学类专业

在医学类专业中，任务设计可以涵盖临床实践、医学研究等方面。例如，在临床医学专业中，可以设计一个实际的病例分析任务，要求学生进行患者诊断和治疗方案设计，提高他们在临床实践中的能力。

4. 商科类专业

在商科类专业中，任务设计可以涉及市场调研、营销策划等实际业务问题。学生可以通过小组合作完成市场调研任务，制订产品推广计划，提高他们的市场分析和策划能力。

（五）任务设计在高校劳动教育中的挑战与应对策略

1. 任务设计难度把控

任务设计的难度应当兼顾挑战性和可操作性。过于复杂的任务可能导致学生无法有效完成，而过于简单的任务则难以激发学生的兴趣。教师可以通过逐步增加任务难度、提供适当的支持与指导来解决这一问题。

2. 任务与课程内容整合

任务设计需要与课程内容紧密结合，确保学生在任务完成中能够运用所学知识。教师可以在任务设计前充分了解课程大纲，确保任务不仅具有实践性，还与专业知识密切相关。

3. 学生自主学习能力

部分学生可能缺乏足够的自主学习能力，面对任务设计可能感到困惑。为了应对这一挑战，教师可以通过提供学习资源、组织学习小组等方式，引导学生逐渐提升自主学习的能力。

4. 评估方法多样性

任务设计的评估方法需要更加多样化，以全面了解学生的实际能力和学科素养。教师可以结合实际情况，采用项目报告、实际操作评估、小组展示等多种方式，确保评估的全面性和客观性。

在高校劳动教育中，任务设计作为一种重要的教学方法，有助于提升学生的实际应用能力、团队协作精神和问题解决能力。通过模拟真实的工作场景，任务设计使学生更好地理解和运用专业知识。尽管任务设计面临着一些挑战，但通过合理的设计和灵活的应对策略，这些挑战是可以克服的。未来，高校劳动教育可以进一步探索任务设计在不同专业领域中的应用，不断创新教学方法，培养更符合社会需求的高素质人才。

第三节　基于问题解决的课程设计

一、问题解决教学策略的理论依据

问题解决教学策略作为一种注重培养学生实际问题解决能力的教学方法，在当代教育中逐渐受到广泛关注。问题解决教学策略强调学生通过面对实际问题，运用学科知识和技能，培养批判性思维和创新能力。下面将深入探讨问题解决教学策略的理论依据，包括认知心理学、建构主义理论、问题解决理论等方面的支持。

（一）认知心理学的理论基础

1.认知心理学概述

认知心理学是研究个体信息加工过程、思维和学习的一门心理学分支。在问题解决教学中，认知心理学提供了理论基础，通过深入研究学生的思维过程和信息加工机制，为设计有效的问题解决教学策略提供了指导。

2.学习理论

认知心理学强调个体在学习过程中的主动参与和构建知识的过程。学习不仅是获取信息的过程，更是对信息进行理解、加工和运用的过程。问题解决教学借鉴认知心理学的学习理论，注重学生在解决问题中主动参与、思考和构建知识。

3.问题解决的认知过程

认知心理学研究了问题解决的认知过程，从问题的感知、理解、目标设定、信息搜索、方案生成到方案评估等方面进行了深入探讨。问题解决教学策略将这些认知过程纳入教学设计，通过引导学生在解决问题的过程中经历这些认知阶段，促进其问题解决能力的提升。

4.认知负荷理论

认知负荷理论指出，学习者的认知资源有限，过多的信息和任务可能导致认知负荷过重，影响学习效果。在问题解决教学中，通过适当设计问题的复杂性和引导学生合理分配认知资源，有助于提高学生的问题解决效果。

（二）建构主义理论的支持

1. 建构主义概述

建构主义理论强调学习是一个个体通过主动参与、经验积累和社会交往构建知识结构的过程。在问题解决教学中，建构主义理论为学生在实际问题情境中建构知识、经验和解决问题策略提供了理论依据。

2. 学习社交性

建构主义理论强调学习是社交性的，个体通过与他人互动、合作和共建知识。在问题解决教学中，教师可以设计团队任务，让学生通过协作解决问题，促使他们在交流中建构知识。

3. 情境学习

建构主义理论倡导情境学习，即将学习置于具体情境中进行，使学生能够在实际问题情境中学习并解决问题。问题解决教学正是通过设定实际问题情境，让学生在问题解决中获得实际经验，提高问题解决的效果。

4. 指导性学习

建构主义理论并不排斥教师的指导，而是强调在学生需要的时候提供合适的指导。在问题解决教学中，教师可以充当学习的导师，提供必要的支持和引导，帮助学生更好地解决问题。

（三）问题解决理论的支持

1. 问题解决理论概述

问题解决理论关注个体在解决问题过程中的认知和行为。该理论认为，问题解决是一种复杂的心理过程，涉及问题空间的搜索、问题表示、操作符号和解答验证等多个方面。问题解决教学策略基于问题解决理论，通过设计问题、引导学生解决问题，促进学生问题解决能力的提升。

2. 问题表示与解决

问题解决理论强调个体在解决问题时对问题进行合理的表示和分析。在问题解决教学中，通过引导学生对问题进行有效的表示，包括问题的拆分、重构、概括等，有助于提高问题解决的效果。

3. 问题空间搜索

问题解决理论认为，个体在解决问题时需要在问题空间中进行搜索，找到解决问题的路径。问题解决教学可以设计多样性的问题，引导学生在问题空间中寻找解决方案，培养其在不同情境下解决问题的能力。通过多样性的问题设计，学生能够拓展问题空间的搜索范围，提高问题解决的灵活性和创造性。

4. 解答验证与调整

问题解决理论指出，解答验证是问题解决过程中的关键步骤。学生需要不断验证解答的有效性，对结果进行评估，并在必要时调整解决策略。问题解决教学强调培养学生的元认知能力，使其能够自觉地监控和调整问题解决的过程。

5. 问题解决的迁移性

问题解决理论关注问题解决能力的迁移性，即学生是否能够将在一个领域获得的问题解决能力应用到其他领域。问题解决教学通过设计具有一定广泛性的问题，促使学生将问题解决能力迁移到不同的学科和实际情境中。

问题解决教学策略的理论依据涵盖了认知心理学、建构主义理论以及问题解决理论等多个方面。认知心理学为教学提供了对学习过程和认知机制的深刻理解，建构主义理论强调学习是一个主动的社交性过程，而问题解决理论则关注个体在解决问题过程中的认知和行为。

二、高校劳动教育中问题解决设计的实践

高校劳动教育旨在培养学生的实际动手能力、团队协作精神以及解决实际问题的能力。问题解决设计作为一种强调学生主动参与、实际问题导向的教学方法，在高校劳动教育中得到了广泛应用。

（一）设计原则

1. 实际问题导向

问题解决设计在高校劳动教育中的设计应当紧密围绕实际问题。设计的问题应当具有一定难度和挑战性，能够激发学生的学习兴趣和解决问题的动力。问题的选择应当贴近学科实际，让学生在解决问题中能够运用所学的专业知识。

2. 跨学科整合

高校劳动教育中的问题解决设计可以借鉴跨学科整合的理念。通过将不同学科的知识融入问题解决的过程中，培养学生综合运用多学科知识解决实际问题的能力。这有助于拓宽学生的学科视野，提高他们的综合素养。

3. 学生参与度

问题解决设计要注重学生的主动参与。设计时应当考虑如何激发学生的兴趣，提高他们的学习动机。可以通过设计具体而有趣的问题情境、引入实际案例、提供自主学习的空间等方式，增加学生对问题解决设计的参与度。

4. 团队合作

问题解决设计常常涉及团队合作，因此设计应当考虑如何促进团队协作。可以通过设计团队任务、明确角色分工、引入团队竞争等方式，培养学生在团队中相互合作、协调沟通的能力。

（二）实施方法

1. 问题设计与情境设置

实施问题解决设计的第一步是精心设计问题和设置解决问题的情境。问题应当具有一定难度，涉及学科知识和实际应用。情境设置要考虑到学生的实际经验和兴趣，使学生更容易投入问题解决的过程中。

2. 提供学习资源

问题解决设计需要充分的学习资源支持。教师可以为学生提供相关的文献资料、实验设备、实践工具等。通过提供充足的学习资源，可以帮助学生更好地理解问题、获取必要的信息，并在解决问题中应用知识。

3. 构建实践环境

为了更好地支持问题解决设计，教师需要构建适当的实践环境。这可能包括实验室的配置、工作场地的设置等。一个良好的实践环境可以为学生提供更真实的学习场景，增强他们在实际工作中的实操能力。

4. 学习支持与引导

在问题解决设计的过程中，学生可能会面临各种困难和挑战。教师应当提供及时的学习支持与引导，解答学生在问题解决中遇到的问题，引导他们合理安排学习进程。通过定期的讨论和辅导，教师可以帮助学生更好地完成问题解决设计。

5. 评估与反馈机制

问题解决设计的最终目的是培养学生的实际应用能力，因此需要建立有效的评估与反馈机制。评估可以包括对学生解决问题过程的全面考察，包括团队合作、问题分析、解决方案的提出与实施等方面。为了保持公正与客观，评估标准应该在问题提出前就明确定义，并向学生详细说明。

同时，及时的反馈对学生的学习过程至关重要。教师可以通过评价学生的方案、参与度、团队协作等方面，为学生提供具体而有建设性的意见。此外，学生之间的同伴评价也是一种有益的反馈方式，能够促使学生在团队中相互学习和改进。

（三）挑战与展望

1.挑战

在高校劳动教育中推行问题解决设计仍然面临着一些挑战。首先，学科知识的整合可能会涉及不同学科的师资协同与交叉培训。其次，学生自主学习和团队协作的能力需要较长时间的培养，而传统的课堂教学模式可能无法满足这种培养需求。另外，实际问题解决设计过程可能会涉及一些安全性和责任性的考虑，需要更为细致的管理。

2.展望

尽管存在挑战，问题解决设计在高校劳动教育中有着广阔的发展前景。首先，随着技术的不断发展，数字化、虚拟实验室等技术手段的引入将为问题解决设计提供更为丰富的实践环境。其次，学科知识整合的推进将促进跨学科学习的发展，培养更具综合素养的学生。最后，问题解决设计强调实际问题的解决，更符合培养学生创新精神和实际应用能力的教育目标。

第四节　基于项目式学习的课程设计

一、项目式学习理念的核心要素

项目式学习作为一种强调学生通过参与实际项目解决问题来获得知识和技能的教育方法，近年来在教育领域得到了广泛关注和应用。与传统的课堂教学相比，项目式学习注重学生的主动参与、实际应用和团队协作，旨在培养学生的创造力、解决问题的能力以及团队协作精神。下面将深入探讨项目式学习理念的核心要素，包括项目设计、学生参与、实际问题、团队协作等方面的关键元素。

（一）项目设计

1.问题导向

项目式学习的核心在于解决实际问题，因此项目设计应该是问题导向的。问题导向的项目设计要求明确项目的目标和任务，使学生能够在解决问题的过程中学习相关的知识和技能。这样的设计能够激发学生的学习兴趣，提高他们的学习动机。

2.跨学科整合

项目式学习倡导跨学科的综合性学习，项目设计应该能够整合多个学科领域的知识。通过跨学科整合，学生能够从不同学科中获取所需的信息，形成更为全面的认知。这有助于培养学生的综合素养和解决问题的能力。

3. 真实性

项目设计应该具有真实性，即与学生的日常生活或职业领域密切相关。真实性的项目能够增强学生对问题的认知和理解，使他们能够更好地将学到的知识应用到实际情境中。这有助于提高学生的实际应用能力。

4. 阶段性任务

为了使项目能够顺利进行，项目设计应该明确阶段性任务和目标。这有助于分解项目的复杂性，使学生逐步完成各个阶段的任务，逐步提升他们的能力。阶段性任务的明确性有助于学生更好地组织学习过程。

（二）学生参与

1. 主动参与

项目式学习要求学生主动参与整个学习过程。学生不再是被动地接受知识，而是通过参与项目的设计、实施和评估，主动地构建知识体系。主动参与培养了学生的学习兴趣和学科探究能力。

2. 自主学习

自主学习是项目式学习的核心之一。学生需要自主制订学习计划、选择学习资源、解决学习问题。这样的学习方式培养了学生的自主性和自我管理的能力，使其在未来的学习和工作中更具竞争力。

3. 合作与交流

项目式学习强调团队协作，学生在项目中需要与他人合作、交流和分享。通过与团队成员的合作，学生能够分享不同的观点和经验，从而拓宽自己的视野。合作与交流培养了学生的团队协作和沟通技能。

4. 反思能力

学生在项目式学习中需要反思整个学习过程，包括项目的设计、实施和解决问题的过程。通过反思，学生可以更深入地理解自己的学习方式、问题解决的策略，有助于他们更好地适应未来的学习和工作环境。

（三）实际问题

1. 问题的真实性

项目式学习的问题应该是真实存在的，与学生的日常生活或未来的职业发展密切相关。真实的问题能够激发学生的兴趣，使他们更加投入解决问题的过程中。通过解决真实问题，学生能够更好地将所学的知识和技能应用到实际中，提高解决实际问题的能力。

2. 多样性与复杂性

项目式学习的问题设计应具有一定的多样性和复杂性。多样性的问题可以满足不同学生的学习需求，促进他们在不同领域获得丰富的经验。复杂性的问题则能够挑战学生，促使他们在解决问题的过程中充分发挥创造力和思考能力。

3. 可操作性

问题设计应具有可操作性，即学生能够通过实际操作解决问题。可操作性的问题设计使学生能够将理论知识应用到实际中，通过实际实验、实践等方式获取经验。这有助于加深学生对知识的理解，并培养实际操作能力。

4. 与学科知识的结合

问题设计需要与学科知识有机结合，使学生能够在解决问题的过程中运用相关学科的知识。这有助于巩固学生的学科基础，提高他们在解决实际问题中的专业素养。问题与学科知识的结合促进了学科之间的整合学习。

（四）团队协作

1. 角色分工

团队协作是项目式学习的关键要素之一，而角色分工是团队协作的基础。在项目中，学生需要根据各自的专业特长和兴趣，分担不同的责任和任务。通过合理的角色分工，能够确保团队更加高效地运作。

2. 沟通与协调

团队协作需要成员之间的良好沟通和协调。学生在团队中需要学会有效地表达自己的观点，倾听他人的意见，从而达成共识。沟通与协调的能力是项目式学习中培养的重要技能，也是在职场中必不可少的素养。

3. 团队建设

团队协作过程中，团队建设是至关重要的。教师需要引导学生建立团队共识、明确团队目标，并激发团队成员的合作热情。通过团队建设，学生能够更好地理解团队的力量，共同努力实现项目目标。

4. 解决冲突

团队协作中难免会出现一些分歧和冲突，学生需要学会妥善处理这些问题。解决冲突的能力是团队协作中非常重要的一环，它要求学生具备沟通、妥协和解决问题的能力。通过解决冲突，团队能够更好地凝聚力量，共同完成项目。

（五）实施方法

1.项目启动

在项目启动阶段，教师需要明确项目的目标、任务和计划，向学生介绍项目的背景和意义。学生可以通过讨论和反馈，确保对项目的理解一致，建立团队的共识和动力。

2.学习资源提供

在项目实施的过程中，教师需要提供丰富的学习资源，包括文献资料、实验设备、实践工具等。学生可以通过自主学习和合作探究，获取所需的信息，从而更好地完成项目任务。

3.学习支持与引导

在项目实施过程中，教师需要提供学习支持和引导。通过定期的讨论、反馈和指导，教师可以帮助学生解决在项目中遇到的问题，引导他们更好地完成阶段性任务。

4.评估与反馈机制

项目式学习的评估应该是全面的，既包括学科知识的掌握，也包括团队协作和问题解决的能力。教师可以通过项目报告、展示、同行评价等方式进行综合评估。同时，及时的反馈有助于学生在项目中不断调整自己的学习方式。

5.项目总结与展示

在项目结束后，学生需要进行总结和展示。这不仅有助于学生对整个项目过程的反思，还可以通过展示向其他同学分享经验和成果。项目总结与展示也是对项目式学习效果的一种呈现和检验。

（六）挑战与展望

1.挑战

项目式学习的实施面临一些挑战。首先，学生需要具备较强的自主学习和合作能力，这对学生的素质和素养提出了更高的要求。其次，教师在项目设计和实施过程中需要投入更多的时间和精力，需要不断提升教师的能力和素养。此外，对于一些学科知识的传授可能需要在项目中更灵活地融入，确保学生在解决问题的同时仍然能够掌握必要的学科基础。

2.展望

尽管面临挑战，项目式学习却有着广阔的发展前景。首先，随着技术的发展，数字化工具和在线协作平台的应用将进一步促进项目式学习的实施。学生可以通过互联网获取更多的学习资源，实现线上协作，拓展学习空间。

其次，项目式学习有助于培养学生的创新能力和实际应用能力，更符合未来社会对人才的需求。学生通过实际项目的参与，能够更好地适应未来职业发展的挑战，具备更强的竞争力。

最后，项目式学习注重学科知识与实际问题的结合，有助于打破传统学科之间的壁垒，促进跨学科的综合性学习。这有助于培养更具综合素养的人才，更好地满足社会对全面发展的需求。

项目式学习理念的核心要素包括项目设计、学生参与、实际问题和团队协作等方面。通过问题导向的项目设计，学生主动参与、自主学习，解决真实问题，培养团队协作和沟通能力。实施方法包括项目启动、学习资源提供、学习支持与引导、评估与反馈机制以及项目总结与展示。项目式学习既面临挑战，也有着广阔的发展前景，有望更好地促进学生综合素养和创新能力的培养，为其未来的职业和社会生活奠定坚实的基础。

二、项目式学习在高校劳动教育中的应用

高校劳动教育的目标不仅仅是传授理论知识，更是培养学生的实际动手能力、团队协作精神以及解决实际问题的能力。项目式学习作为一种注重学生主动参与、实际问题导向的教学方法，为高校劳动教育提供了一种创新的教学模式。下面将探讨项目式学习在高校劳动教育中的应用，分析其核心要素、实施方法以及对学生综合素养的培养作用。

（一）项目式学习在高校劳动教育中的核心要素

1. 问题导向

项目式学习在高校劳动教育中强调问题导向的教学设计。教师可以设计具有一定难度和挑战性的实际问题，要求学生通过劳动实践来解决问题。这种问题导向的设计有助于激发学生的学习兴趣，使他们在实际问题解决中更好地运用所学知识。

2. 跨学科整合

高校劳动教育通常涉及多个学科领域，而项目式学习的核心之一就是跨学科整合。通过将不同学科的知识融入项目中，学生能够全面理解问题，形成更为综合的解决方案。跨学科整合有助于拓宽学生的学科视野，提高他们的综合素养。

3. 实际问题解决

项目式学习的本质是通过解决实际问题来学习知识和培养能力。在高校劳动教育中，可以设计一些与专业实际应用密切相关的问题，让学生在实际工作场景中应用所学知识，提高实际问题解决的能力。

4. 团队协作

团队协作是项目式学习不可或缺的一部分。在高校劳动教育中，学生可以分组协作，每个小组成员负责不同的任务，通过合作完成整个项目。团队协作不仅培养了学生的协同工作能力，还能促进信息的共享与交流。

（二）项目式学习在高校劳动教育中的实施方法

1.项目设计与情境设置

在实施项目式学习时，项目设计至关重要。教师应精心设计项目，确保问题具有一定难度，涉及学科知识和实际应用。情境设置也需要考虑学生的实际经验和兴趣，使学生更容易投入问题解决的过程中。

2.学习资源提供

项目式学习需要充分的学习资源支持。教师可以为学生提供相关的文献资料、实验设备、实践工具等。通过提供充足的学习资源，可以帮助学生更好地理解问题、获取必要的信息，并在解决问题中应用知识。

3.实践环境构建

为了更好地支持项目式学习，教师需要构建适当的实践环境。这可能包括实验室的配置、工作场地的设置等。一个良好的实践环境可以为学生提供更真实的学习场景，增强他们在实际工作中的实操能力。

4.学习支持与引导

在项目式学习的过程中，学生可能会面临各种困难和挑战。教师应当提供及时的学习支持与引导，解答学生在项目中遇到的问题，引导他们合理安排学习进程。通过定期的讨论和辅导，教师可以帮助学生更好地完成项目。

5.评估与反馈机制

项目式学习的最终目的是培养学生的实际应用能力，因此需要建立有效的评估与反馈机制。评估可以包括对学生解决问题过程的全面考察，包括团队合作、问题分析、解决方案的提出与实施等方面。为了保持公正与客观，评估标准应该在问题提出前就明确定义，并向学生详细说明。同时，及时的反馈对学生的学习过程至关重要。教师可以通过评价学生的方案、参与度、团队协作等方面，为学生提供具体而有建设性的意见。同学之间的相互评价也是一种有益的反馈方式，能够促使学生在团队中相互学习和改进。

（三）项目式学习对学生综合素养的培养作用

1.实际动手能力

项目式学习强调实际问题解决，要求学生通过实践活动来获取知识。在高校劳动教育中，项目式学习可以促使学生真实地应用所学的理论知识，培养实际动手能力。通过解决实际问题，学生需要设计、搭建、操作实际工具和设备，从而提高他们在专业领域的实践技能。

2. 团队协作精神

在项目式学习中，学生通常需要分组合作，共同解决复杂的问题。这种团队协作的模式有助于培养学生的团队协作精神。学生需要在团队中相互合作、协调任务分工，共同推动项目的完成。通过这样的合作方式，学生学会了倾听他人意见、分享自己的见解，提高了团队协作和沟通的能力。

3. 实际问题解决能力

项目式学习强调解决实际问题，培养学生的实际问题解决能力。学生需要分析和理解问题的本质，制定解决方案，并在实践中验证和优化这些方案。通过解决真实的问题，学生能够培养独立思考、创新思维和问题解决的综合能力，为将来面对工作和生活中的实际问题做好准备。

4. 自主学习和批判性思维

在项目式学习中，学生需要自主学习，主动获取相关知识和技能。他们需要通过查阅文献、调查研究等方式，积极获取必要的信息。这培养了学生自主学习的能力，使他们具备独立获取知识的能力。同时，项目式学习也促使学生批判性思维，能够对信息进行分析、评价，形成独立的观点。

（四）项目式学习的挑战与展望

1. 挑战

尽管项目式学习在高校劳动教育中有着诸多优势，但其实施也面临一些挑战。首先，项目的设计需要综合考虑多方面因素，包括学科知识、实际问题、学生兴趣等，这对教师的能力提出了更高的要求。其次，学生自主学习和团队协作的能力需要一定时间培养，这需要教师在实施中不断引导和促进。最后，对于一些专业知识的灵活运用也需要更为灵活的教学方法。

2. 展望

尽管存在挑战，但项目式学习在高校劳动教育中有着广阔的前景。首先，随着技术的发展，数字化工具和在线协作平台的普及将为项目式学习提供更为便利的支持。学生可以通过互联网获取更多的学习资源，实现线上协作，拓展学习空间。

其次，项目式学习有助于培养学生的创新能力和实际应用能力，更符合未来社会对人才的需求。学生通过实际项目的参与，能够更好地适应未来职业发展的挑战，具备更强的竞争力。

最后，项目式学习注重学科知识与实际问题的结合，有助于打破传统学科之间的壁垒，促进跨学科的综合性学习。这有助于培养更具综合素养的人才，更好地满足社会对全面发展的人才的需求。

项目式学习作为一种创新的教学模式，在高校劳动教育中展现出了强大的潜力。通过强调问题导向、跨学科整合、实际问题解决和团队协作等核心要素，项目式学习促进了学生的实际动手能力、团队协作精神、实际问题解决能力以及自主学习和批判性思维。

在实施项目式学习时，教师需要精心设计项目，提供充足的学习资源，构建适当的实践环境，并给予学生及时的学习支持和引导。评估与反馈机制也是项目式学习中不可忽视的一环，通过全面考查学生在团队协作、问题解决等方面的表现，为他们提供有针对性的反馈，推动其进一步发展。

尽管项目式学习在实施过程中面临一些挑战，但其未来展望仍然充满活力。随着数字化工具和在线协作平台的发展，以及社会对创新能力和实际应用能力的日益重视，项目式学习将更好地满足高校劳动教育的需求，培养素养更多全面的人才。

综上所述，项目式学习为高校劳动教育注入了新的教学理念和方法，为培养学生成为具有实际动手能力和团队协作精神的人才提供了有力支持。在未来的劳动教育实践中，可以进一步探索不同领域的项目设计，拓展项目式学习的应用领域，以更好地适应不同专业和学科的需求，为学生成长成才提供更有针对性的培养模式。

三、项目评估与团队协作的培养

在当今高度竞争的社会环境中，培养学生的综合素质，特别是团队协作能力，已成为高等教育的重要任务之一。项目评估与团队协作的培养是高校教育中的两个关键要素，它们相互交织，共同推动学生在实际项目中的成长与发展。下面将探讨项目评估与团队协作的紧密关系，分析它们在高校教育中的作用与挑战，并提出一些促进学生综合素质培养的实践建议。

（一）项目评估的重要性

1. 项目评估概述

项目评估是指对项目整体过程或结果进行系统评价的过程。在高校教育中，项目评估不仅仅是对学生学科知识的检验，更是对其实际应用能力、团队协作能力以及问题解决能力的全面考查。项目评估可以通过多种手段，如报告、展示、同行评价等，来全面了解学生在项目中的表现。

2. 项目评估的作用

全面评价学生能力：项目评估不仅关注学生的学科知识水平，更注重学生在实际项目中运用所学知识的能力。通过评估项目的过程和结果，可以全面了解学生的创新能力、解决问题的能力以及团队协作能力。

激发学生学习兴趣：项目评估强调实际问题的解决，能够激发学生对学科的兴趣。通过参与实际项目，学生更容易看到学科知识的实际应用，从而更主动地投入学习。

提高学生自主学习能力：项目评估要求学生在解决问题的过程中展现出自主学习的能力。这有助于培养学生主动获取知识、解决问题的习惯，提高他们的自主学习能力。

3. 项目评估与团队协作的关系

项目评估与团队协作有机地结合在一起。在实际项目中，学生通常需要协作完成任务，而项目评估则是对这一协作过程和成果的评价。团队协作能力是项目评估的一个重要方面，而项目评估的结果又反过来影响和促进团队协作的培养。

（二）团队协作的培养

1. 团队协作的概念

团队协作是指个体之间相互合作，为实现共同目标而共同努力的一种工作方式。在高校教育中，团队协作不仅仅是一种能力，更是一种态度和文化。学生通过参与团队协作，可以更好地理解团队中个体的价值，培养相互信任、合作共赢的精神。

2. 团队协作的重要性

综合素质的培养：团队协作涉及沟通、协调、决策等多个方面，培养学生的综合素质。在团队中，学生需要发挥自己的特长，也要学会倾听和尊重他人，从而全面提升自己的综合素质。

实际问题解决的能力：在团队协作中，学生需要共同解决实际问题。通过团队合作，学生可以更好地利用集体智慧，汇聚各种资源，迎接和解决复杂的实际问题。

提高职场竞争力：在职业生涯中，团队协作是一项重要的职业素养。通过大学时期的团队协作经历，学生可以更好地适应未来职场的团队工作环境，提高自己的职业竞争力。

3. 团队协作的培养方法

项目设计与情境设置：为了培养团队协作能力，项目设计需要考虑学科知识的综合运用，以及学生在解决实际问题中需要展现的协作能力。情境设置也要有利于引导学生形成团队协作的氛围。

明确角色分工：在团队协作中，明确的角色分工有助于提高团队效率。学生在团队中扮演不同的角色，可以更好地发挥各自的优势，形成协同合作的局面。

沟通与协调能力培养：团队协作需要成员之间的良好沟通和协调。教师可以通过课程设计和引导，培养学生的沟通技巧、团队协调能力，让学生在项目中更加高效地进行信息交流和任务协调。

同行评价与反馈：引入同行评价机制可以促使学生在团队中相互学习和改进。通过对同伴的工作进行评价和反馈，学生可以更清晰地了解自己在团队协作中的表现，从而不断提升团队合作的质量。

项目管理与决策能力培养：团队协作中，项目管理和决策是至关重要的环节。教师可以通过引导学生学习项目管理的基本知识，培养他们在团队中进行合理分工、设定目标、制订计划的能力，从而提高整个团队的绩效。

（三）项目评估与团队协作的结合

1. 项目评估对团队协作的促进

激励团队成员：项目评估的结果直接关系到学生成绩和表现，这可以作为激励团队成员积极参与、全力投入的手段。通过明确的项目评估标准，可以激发团队成员竞争意识，促进各自的贡献。

识别个体贡献：项目评估可以准确识别团队中每个成员的贡献。这有助于鼓励个体表现优秀的团队成员，同时也能够识别出可能存在的问题，为提升团队协作提供改进的方向。

建立合理的团队协作标准：通过项目评估，可以建立一套合理的团队协作标准。这有助于规范团队成员的行为，明确各自的职责和期望，提高团队整体的协作效率。

2. 团队协作对项目评估的影响

质量与效率提升：优秀的团队协作能够提高项目的执行效率和质量。团队成员之间的紧密合作使得信息能够迅速传递，决策能够更迅速地制定和执行，从而提升整个项目的执行效果。

问题及时发现与解决：在团队协作中，学生可以及时发现项目中存在的问题，并通过集思广益的方式共同解决。这有助于在项目评估前就及时解决潜在的困难，提高项目的整体质量。

全员参与提升：优秀的团队协作模式能够确保每个团队成员都得到充分的参与。这使得每个学生都有机会展现自己的能力，从而提高整个团队的绩效，为项目评估提供更为全面的素材。

（四）项目评估与团队协作的挑战

1. 个体主义与团队合作的平衡

在学生培养过程中，传统的教育模式可能强调个体主义，导致学生更注重个人成绩而忽视团队合作。因此，在项目评估中，如何平衡个体主义和团队合作，使学生既关注个人能力的发展又重视团队协作，是一个需要克服的挑战。

2. 评估标准的制定难题

项目评估需要明确的评估标准，而制定科学、合理的评估标准是一个相对复杂的任务。如何在评估标准中兼顾学科知识、实际问题解决能力、团队协作等多个方面，既能客观评价又不失灵活性，是需要深入研究和实践的问题。

3.团队协作中的沟通与冲突管理

团队协作涉及成员之间的沟通和冲突管理。在评估中，如果团队成员之间沟通不畅或存在严重冲突，可能会影响整个项目的进展。因此，如何培养学生有效沟通和冲突解决的能力，成为一个亟待解决的问题。

（五）促进项目评估与团队协作的实践建议

1.教学设计

明确项目目标与评估标准：在项目设计阶段，教师需要明确项目的目标，并制定清晰的评估标准。这有助于学生更好地理解项目的目的和期望，为团队协作提供明确的方向。

合理分组与角色设定：在团队协作中，教师可以通过合理的分组和角色设定来培养学生的团队协作能力。每个成员都能够发挥自己的特长，形成互补的团队。

2.课程设置

专门的团队协作课程：在课程设置中，可以设置专门的团队协作课程，培养学生团队协作的理论基础和实践技能。这样的课程可以涵盖团队心理学、沟通技巧、冲突解决等内容，为学生提供全方位的团队协作培训。

跨学科项目设计：教师可以设计跨学科的项目，促使学生在解决实际问题的过程中运用多学科知识。这有助于提高学生的综合素养，同时要求他们在团队中充分合作。

3.评估与反馈

明确评估标准：教师在评估项目时，需要明确评估标准，并向学生清晰地传达这些标准。这样可以使学生更加明确自己的任务和责任，提高团队协作的效果。

定期评估与反馈：在项目进行的过程中，可以设置多个阶段的评估和反馈，及时发现和解决团队协作中的问题。通过反馈，学生可以更好地了解自己的表现，进行及时调整。

同行评价机制：引入同行评价机制，让团队成员对彼此的贡献进行评价。这样可以激发学生更多的思考，提高他们对团队协作的自我认知，有助于自我调整和提高。

项目评估与团队协作的紧密结合为高校教育提供了一个丰富而有力的教学模式。通过项目评估，学生不仅能够在实际问题中运用所学知识，更能够培养团队协作的能力。团队协作则通过实际项目提供了一个理想的场景，让学生在协同工作中不断提升自己。

面对挑战，教育者需要通过精心设计的教学活动、灵活有效的评估方法、创新的教学技术，共同推动项目评估与团队协作的有机结合。通过共同努力，可以培养更具团队协作精神、实际问题解决能力和综合素质的优秀人才，为社会培养更多具有创新力和团队协作能力的专业人才。

第五节　基于社会参与的课程设计

一、社会参与教学的意义与特点

随着社会的不断发展，教育的理念也在不断演进，从传统的知识传递型教学向更注重学生实际参与和社会融合的教学模式转变。社会参与教学作为一种新兴的教育理念，强调学生在课堂中不仅仅是被动地接收知识，更要积极参与实际问题的解决，与社会互动。下面将探讨社会参与教学的意义与特点，分析其在教育中的重要作用。

（一）社会参与教学的意义

1. 激发学习兴趣与动力

社会参与教学能够激发学生的学习兴趣与动力。通过将学科知识与实际问题相结合，让学生在解决实际问题的过程中感受到知识的实用性和重要性，从而更主动地投入学习。实际问题的解决过程往往涉及跨学科的知识，这也促使学生在学习中形成更为全面的认知。

2. 培养实际问题解决能力

社会参与教学强调学生在解决实际问题的过程中培养实际问题解决能力。传统的课堂教学往往注重理论知识的传递，而社会参与教学更注重学生在实践中应用所学知识解决实际问题的能力。这种能力的培养有助于学生更好地适应未来社会和职业环境，提高他们的综合素质。

3. 培养团队协作和沟通技能

社会参与教学通常以团队为单位，要求学生协作完成任务。这有助于培养学生的团队协作和沟通技能。在团队中，学生需要相互合作、协调任务分工，通过沟通解决问题，提高了他们的团队协作和沟通的能力，这也是未来职业生涯中极为重要的素养。

4. 培养创新思维

社会参与教学注重学生的实际参与和创新能力的培养。在解决实际问题的过程中，学生需要运用创新思维，提出新的观点、新的解决方案。这有助于培养学生的创新能力，使他们在面对未知问题时能够灵活应对，有助于个体和社会的发展。

5. 增强社会责任感

社会参与教学将学生的学习与社会问题相结合，让他们更直接地感受到自己的学习与社会的关系。通过参与解决社会问题，学生能够更深刻地理解社会责任感的重要性。这种培养有助于形成积极向上的价值观，使学生更具社会责任感，愿意为社会的发展贡献自己的力量。

（二）社会参与教学的特点

1. 问题导向

社会参与教学是以问题为导向的教学模式。教学过程中，教师通常以实际问题为出发点，引导学生思考和解决问题。这种模式有助于学生从实际问题中获取知识，强调知识的实际运用，提高学习的针对性和实用性。

2. 跨学科整合

社会参与教学强调问题解决的全过程，因此往往需要跨学科的知识来解决实际问题。这促使学生在解决问题的过程中不仅需要关注自己专业领域的知识，还需要了解其他学科的知识，形成综合的解决方案。这有助于拓宽学生的学科视野，提高他们的综合素养。

3. 学生主体性

社会参与教学强调学生的主体性和参与性。学生在解决实际问题的过程中起到主导作用，他们不再是被动接收知识的对象，而是积极参与问题的思考和解决。这种学生主体性的特点有助于培养学生的独立思考和创新能力。

4. 实践性

社会参与教学追求理论与实践的结合。学生不仅要学习理论知识，更要将这些知识应用到实际问题的解决中。这种实践性的教学模式有助于学生更深入地理解知识，提高知识的应用水平，增强实践经验。

5. 反馈与调整

社会参与教学注重学生在实际问题解决中的表现，因此反馈与调整是其特点之一。教师和同学对学生的解决方案进行及时的评价和反馈，帮助学生发现不足和改进空间。这种循环的反馈机制有助于学生不断调整和完善解决方案，提高其问题解决能力。

6. 社会互动

社会参与教学要求学生与社会进行互动。在解决实际问题的过程中，学生需要主动与社会组织、企业、机构等进行合作，获取实际问题的相关信息和资源。这有助于学生更好地理解社会、融入社会，并为未来的职业发展奠定基础。

（三）社会参与教学的实践策略

1. 选题设计

在社会参与教学中，选题至关重要。选题需要具有社会实际问题的特点，既能够引发学生的兴趣，又能够涉及课程知识的应用。选题的设计需要兼顾学科的深度和问题的实际性，使学生在解决问题的过程中能够得到全面的锻炼。

2. 资源整合

社会参与教学通常需要借助外部资源，包括社会组织、企业、实验室等。教师需要充分利用和整合各类资源，为学生提供解决问题所需的信息和支持。这有助于学生更好地理解实际问题，同时也能够加强学校与社会的合作关系。

3. 任务分工与团队协作

在社会参与教学中，通常以小组为单位进行任务分工和团队协作。教师需要合理设计任务，明确每个小组成员的责任和任务，促使学生在团队中充分发挥各自的优势，形成协同效应。这也有助于培养学生的团队协作能力。

4. 实际操作与实践体验

社会参与教学强调实践性，因此实际操作和实践体验是必不可少的一环。学生通过实际操作解决问题，能够更直观地感受到知识的应用，培养实际问题解决的技能。实践体验还有助于加深学生对社会问题的理解，提高其参与问题解决的积极性。

5. 反馈与评估

及时的反馈与评估是社会参与教学的关键环节。教师需要建立明确的评估标准，对学生的解决方案进行评价。同时，学生之间的同行评价也是一种重要的反馈机制。通过反馈，学生可以了解自己的不足和改进方向，有助于提高问题解决的质量。

（四）社会参与教学的挑战与应对策略

1. 课程整合难题

社会参与教学通常需要跨学科的整合，这对教师的综合素质提出了较高的要求。教师需要具备跨学科知识，同时能够整合各类资源，将知识与实际问题相结合。因此，建立跨学科的教学团队、加强教师的专业培训，是解决整合难题的有效策略。

2. 社会资源获取难题

社会参与教学需要借助外部社会资源，而获取这些资源可能面临一定的难题。解决这一问题的关键在于建立良好的学校与社会组织的合作关系。学校可以通过与社会组织、企业、实验室等建立战略合作伙伴关系，分享资源、信息和技术。此外，教师还可以积极参与社会活动，拓展个人社会资源网络，为学生提供更多机会。

3. 任务设计难题

设计合适的任务是社会参与教学的核心。任务过于简单可能无法激发学生的深度思考和动力，而任务过于复杂可能导致学生无法完成。因此，教师需要精心设计任务，确保任务既能够紧密结合实际问题，又符合学生的能力水平。这可以通过与同行交流、不断改进任务设计的方式来逐步解决。

4. 评估难题

社会参与教学的评估相对复杂，不同于传统的考试评估。学生在实际问题解决中可能有多种表现，如何客观、全面地评估学生的能力成为一个难题。因此，建立多元化的评估体系，包括任务成果评价、同行评价、教师评价等，有助于全面了解学生的表现。

5. 学科知识与实际问题融合难题

社会参与教学要求学科知识与实际问题有机融合，这对教师的学科知识广度和深度提出了更高的要求。解决这一难题需要教师不断深化自己的学科知识，同时也可以通过跨学科团队合作的方式，共同解决实际问题，提高整体的教学质量。

（五）社会参与教学的未来发展

1. 教育技术的应用

随着教育技术的不断发展，社会参与教学可以借助现代化的教学技术更好地实施。在线协作平台、虚拟实验室、远程实践等技术手段可以为社会参与教学提供更多的可能性，打破时间和空间的限制，促进学生更广泛地参与社会问题的解决。

2. 跨学科教育的加强

社会参与教学强调跨学科的整合，未来的发展需要更多地强调跨学科教育。学校可以设立跨学科的实验课程、培养跨学科团队，推动不同学科的知识融合，提高学生的综合素养。

3. 社区合作与发展

社会参与教学应当更加注重与社区的合作与发展。学校可以与社区建立更紧密的合作关系，结合社区实际问题，使学生更深入地融入社会生活，解决真实的社会问题。

4. 教师专业发展

教师是社会参与教学的关键。未来的发展需要加强教师的专业发展，培养更多具备跨学科知识、创新意识和实际问题解决能力的优秀教师。教师需要不断学习新知识，积极参与实际问题的解决，不断提升自己的教学水平。

社会参与教学作为一种新兴的教育理念，对传统的教学模式提出了挑战，同时也为学生提供了更丰富、实际的学习体验。通过社会参与教学，学生能够更好地理解知识的应用，培养实际问题解决能力，提高团队协作和创新思维能力。在未来，随着教育技术的发展和教育理念的演进，社会参与教学将在教育领域发挥更为重要的作用，为培养具有全面素质的新一代人才提供更加有力的支持。

二、高校劳动教育中社会参与设计的实施

高校劳动教育旨在培养学生的实际动手能力、团队协作精神以及解决实际问题的能力。社会参与设计作为一种教学模式，将学生置身于实际社会环境中，通过参与实际项目来学习和实践，促使他们更好地理解专业知识，并培养综合素质。下面将探讨高校劳动教育中社会参与设计的实施，分析其意义、策略以及可能面临的挑战。

（一）社会参与设计的意义

1. 强化实际动手能力

社会参与设计将学生从传统的课堂学习中解放出来，让他们亲身参与实际项目。通过实际的操作与实践，学生能够更深入地理解专业知识，提高实际动手能力。这有助于缩小理论与实际之间的鸿沟，使学生更好地为未来的职业生涯做好准备。

2. 培养团队协作与沟通技能

社会参与设计通常以小组为单位，要求学生共同协作完成任务。在这个过程中，学生需要分工合作、协调沟通，从而培养团队协作和沟通技能。这对于他们未来进入职场，与团队成员高效合作具有重要意义。

3. 提高问题解决能力

社会参与设计往往涉及解决实际问题，这有助于培养学生的问题解决能力。面对实际项目中的挑战和困难，学生需要运用所学知识，提出解决方案。这样的锻炼有助于培养学生独立思考和解决问题的能力。

4. 增强社会责任感

通过参与社会项目，学生能够更深刻地感受到自己所学的知识与社会的关系。这有助于增强学生的社会责任感，使他们在未来的职业中更加关注社会问题，愿意为社会的发展贡献一份力量。

（二）社会参与设计的实施策略

1. 项目选题与设计

在实施社会参与设计时，项目的选题与设计是至关重要的。选题应当紧密结合专业特点，既有助于学生理解专业知识，又能够解决实际社会问题。设计阶段需要充分考虑项目的难度、学生的实际能力以及项目的实施周期，确保项目能够顺利进行。

2. 社会资源整合

社会参与设计通常需要借助外部社会资源，包括企业、社区组织、政府机构等。在实施过程中，学校和教师需要积极整合这些社会资源，建立合作关系。这有助于学生更好地融入社会实践，获取实际项目所需的支持。

3. 任务分工与团队建设

项目实施阶段，任务分工与团队建设是关键环节。教师需要明确每个小组成员的责任和任务，同时引导学生建立良好的团队协作氛围。定期进行团队建设活动，增强学生的集体荣誉感和责任感，提高团队协作效率。

4. 实际操作与技能培训

社会参与设计强调实际操作，因此需要为学生提供相关的技能培训。在项目实施过程中，教师可以组织实际操作，引导学生熟练掌握所需的技能。这有助于将理论知识与实际操作相结合，提高学生的实际动手能力。

5. 反馈与评估机制

建立有效的反馈与评估机制是社会参与设计的重要保障。教师需要定期对学生的项目进行评估，并给予及时的反馈。同时，可以采用同行评价的方式，让学生之间相互评价，促使他们更深入地反思和改进。

（三）社会参与设计的挑战与应对策略

1. 课程整合难题

社会参与设计往往需要跨学科的整合，而不同学科之间的整合可能面临一定的困难。解决这一问题需要学校建立跨学科的教学团队，整合不同学科的教育资源，共同设计和实施项目。

2. 社会资源获取难题

在实施社会参与设计时，获取外部社会资源可能面临一些难题，如与社会组织、企业的合作难度等。因此，学校需要通过与社会建立紧密的合作关系，拓展社会资源网络，为项目的实施提供更多可能性。建立校企合作基地、社会实践基地，积极参与社区建设，是获取社会资源的有效途径。

3. 任务设计难题

设计合适的任务是社会参与设计成功实施的关键。任务设计应既符合学科特点，又贴近实际问题，确保任务有一定难度，能够激发学生的学习兴趣。教师可以与企业合作，将实际项目融入任务设计，确保任务的实际性和专业性。

4. 评估难题

社会参与设计的评估相对复杂，不同于传统的考试评估。学生在项目中可能有多种表现，如何客观全面地评估学生的能力成为一个挑战。建立多元化的评估体系，包括任务成果评价、同行评价、教师评价等，有助于更全面地了解学生在项目中的表现。

5. 学科知识与实际问题融合难题

在社会参与设计中，学科知识与实际问题的融合需要教师具备广泛的知识面和较强的实践经验。解决这一问题需要学校加强教师的培训，提供跨学科的专业发展机会，使教师更好地掌握学科知识和实际问题的融合技巧。

社会参与设计作为高校劳动教育的一种创新模式，通过将学生引入实际社会项目中，培养了他们的实际动手能力、团队协作与沟通技能，提高了他们的问题解决能力。在未来的发展中，需要学校、教师以及社会资源的共同努力，解决实际面临的问题，进一步推动社会参与设计在高校劳动教育中的实施与发展。

第四章　教育技术与高校劳动教育

第一节　教育技术在课程设计中的角色

一、教育技术的定义与分类

教育技术是在教育过程中运用和整合各种先进技术手段，以促进学习、提高教学效果为目的的综合性学科。随着科技的发展，教育技术在教育领域的应用日益广泛，成为推动教育变革和创新的关键力量。下面将深入探讨教育技术的定义、发展历程，并对其主要分类进行详细介绍。

（一）教育技术的定义

1. 教育技术的概念

教育技术是指运用系统、方法、手段等技术手段，以促进教育过程中的教学与学习活动，达到提高教育质量和效果的目标。它不仅仅关注于教学的过程，更注重于整个教育系统中技术的应用，包括课程设计、学习资源开发、评估和管理等方面。

2. 教育技术的特点

教育技术具有以下几个显著的特点：

综合性。教育技术是一个综合性学科，涉及多个学科领域，包括心理学、教育学、计算机科学等，以整合多方面的知识来应对教育中的各种挑战。

系统性。教育技术强调教学过程中各个环节的有机衔接，要求设计和应用技术手段时考虑整个教育体系，以形成一个协同作用的系统。

创新性。教育技术的发展要求对传统教育进行创新，通过引入新技术和方法，使教育更具活力、更符合学习者的需求。

服务性。教育技术的最终目标是提供更好的服务，为学习者和教育工作者提供更有效的教学和学习支持。

（二）教育技术的发展历程

1. 早期阶段

教育技术的雏形可以追溯到 20 世纪初，当时主要关注于使用影音设备、幻灯片和放映机等工具来支持教学。这一时期，教育技术主要以传统的视听手段为主，强调多媒体的运用。

2. 计算机时代

20 世纪 50 ~ 60 年代，计算机技术的崛起推动了教育技术的飞速发展。计算机的应用为教学和学习提供了新的可能性，产生了计算机辅助教学（CAI）等概念。这一时期的教育技术更注重于个性化学习和计算机的智能化应用。

3. 多媒体时代

20 世纪 80 年代，随着多媒体技术的发展，教育技术进入了多媒体时代。教育技术开始融合音频、视频、图形等多种媒体形式，提供更为丰富的学习资源。这一时期的重要发展包括超媒体系统、网络化教学等。

4. 网络时代

随着互联网的普及，教育技术进入了网络时代。远程教育、在线学习、移动学习等成为研究热点。教育技术更加注重构建在线学习环境、开发教育应用软件，推动教育全球化和信息化。

5. 智能化时代

当前，教育技术逐渐进入智能化时代。人工智能、大数据、虚拟现实等新兴技术的应用，使教育技术更加注重个性化学习、智能辅助教学和实时数据分析等方面。

（三）教育技术的分类

1. 按技术手段分类

（1）多媒体技术

多媒体技术包括图像、声音、文字、视频等多种媒体形式，通过整合这些媒体，为学习者提供更为丰富、更直观的学习体验。多媒体技术的应用范围广泛，包括幻灯片演示、电子书、在线视频等。

（2）计算机辅助教育（CAE）

计算机辅助教育是指借助计算机技术，为教学和学习提供支持。它包括计算机辅助教学、计算机辅助评估、计算机辅助学习等多个方面。CAE 通过软件、应用程序等手段，帮助教师进行教学设计和评估，同时提供个性化的学习资源和学习环境。

（3）远程教育技术

远程教育技术是指利用通信技术，将学习者和教育资源进行时间和空间上的分隔。这种技术可以包括电视教学、广播教学、在线课程等形式。远程教育技术通过解决地理位置的限制，使学习资源更加广泛地传播，为学习者提供更为灵活的学习机会。

（4）虚拟现实（VR）和增强现实（AR）

虚拟现实和增强现实技术提供了一种全新的学习环境，通过模拟或增强真实世界的感知，使学习者能够进行沉浸式学习。在虚拟现实中，学习者可以与虚拟环境互动，增加对学科的理解和体验。增强现实则通过在真实世界中叠加数字信息，提供更为丰富的学习体验。

（5）人工智能（AI）

人工智能在教育技术中的应用主要体现在个性化学习、智能辅助教学和智能评估等方面。通过分析学习者的行为、习惯和反馈，人工智能可以为每个学习者提供定制化的学习路径和资源。此外，智能教育应用还能够为教师提供教学建议和个性化辅助。

2.按应用领域分类

（1）在线学习

在线学习是利用互联网技术进行教学和学习的方式，包括慕课（MOOC）、远程研讨会、在线作业等形式。在线学习为学习者提供了更加灵活的学习时机和地点，使得学习不再受限于传统教室环境。

（2）移动学习

移动学习是指通过移动设备（如智能手机、平板电脑）进行学习活动的方式。移动学习具有随时随地学习的特点，通过各种应用软件和在线资源，学习者可以方便地获取学习材料，进行交互式学习。

（3）游戏化教育

游戏化教育将游戏设计原理引入教学过程，通过游戏的元素激发学习者的兴趣和参与度。这种教育方式注重通过游戏的互动性、竞争性和奖励机制，激发学习者的积极性，提高学习效果。

（4）社交学习

社交学习强调学习者之间的互动和合作。在教育技术中，社交学习通常通过在线社交平台、协作工具等手段来实现，使学习者能够分享知识、共同解决问题，并在合作中获得学习经验。

（5）虚拟校园和在线课程

虚拟校园是一种基于网络的学校模式，通过虚拟课堂、在线课程和社交平台，提供类似传统学校的教学和社交环境。学习者可以在虚拟校园中参与课堂、与同学互动，并完成在线课程。

3.按发展方向分类

（1）个性化学习

个性化学习是通过分析学习者的特点、兴趣、学习风格等，为每个学习者定制个性化的学习路径和资源。教育技术通过人工智能、大数据等手段，为学习者提供更符合其需求的学习体验。

（2）可穿戴技术

可穿戴技术是指将计算机和传感器等技术嵌入到可穿戴设备中，如智能手表、智能眼镜等。在教育领域，可穿戴技术可以用于监测学习者的生理状态、提供实时反馈，以及创造更加沉浸式的学习体验。

（3）区块链技术

区块链技术在教育领域的应用正在逐渐增加。区块链技术通过去中心化的特性，提供了更安全、透明、可追溯的数据存储和交换方式。在教育中，区块链可以用于学历认证、学生档案管理、教育资源版权保护等方面，提升教育信息的可信度和安全性。

（4）混合式学习

混合式学习是将传统面对面教学与在线学习相结合的一种教学模式。教育技术通过提供在线课程、多媒体资源，以及支持实时互动的工具，使学习者能够在课堂内外获取学习经验，提高学习的灵活性。

（5）人工智能辅助教育

人工智能辅助教育是指利用人工智能技术来提供更智能、个性化的学习支持。教育技术通过分析学习者的学习行为、理解其学科水平，为学习者推荐合适的学习资源、定制学习计划，以及提供实时的智能辅助。

（四）教育技术的发展趋势

1. 个性化学习的推进

随着人工智能和大数据技术的不断发展，个性化学习将成为教育技术的重要发展趋势。通过对学习者的个性化需求进行精准分析，为每个学习者提供定制化的学习路径、资源和评估，实现更加个性化、高效的学习体验。

2. 虚拟现实和增强现实的深入应用

虚拟现实和增强现实技术将在教育领域得到更广泛的应用。通过虚拟场景的模拟，学习者可以进行沉浸式学习，增强对知识的理解和应用能力。同时，增强现实技术也将通过在真实场景中叠加数字信息，提供更为直观的学习体验。

3. 区块链技术的应用拓展

区块链技术将在学历认证、学生档案管理、教育资源版权保护等方面发挥更大的作用。其去中心化、不可篡改的特性，可以为教育信息的安全性和可信度提供更多保障，推动教育数据的安全交换和管理。

4. 智能教育系统的发展

智能教育系统将逐渐成为教育机构和学校的标配。这些系统将利用人工智能技术，通过实时数据分析、个性化学习支持、自适应教学等功能，为学生和教师提供更智能、高效的教育服务。

5. 开放教育资源的共建共享

开放教育资源（OER）将成为推动教育全球化的关键力量。教育技术将促进教育资源的开放共建和共享，为全球范围内的学生提供更为丰富、多元的学习机会。

6. 技术和教育的深度融合

未来，技术和教育将更加深度融合，教育技术不再是简单的工具，而是成为教育过程中不可或缺的一部分。教育者需要具备更多的技术素养，学生也将更多地借助技术手段进行学习。

教育技术的发展既受科技进步的推动，也受教育需求的引导。随着社会的不断发展和科技的日新月异，教育技术将继续迎来新的挑战和机遇。通过不断创新和整合各种技术手段，教育技术有望更好地服务于教育事业，促进学习者的全面发展。

二、教育技术在高校劳动教育中的应用场景

随着社会的不断发展和科技的进步，教育技术在高校劳动教育中的应用愈发引人注目。劳动教育旨在培养学生的动手能力、实际操作技能以及创新思维，使其更好地适应未来职业发展。下面将深入探讨教育技术在高校劳动教育中的应用场景，包括多媒体教学、虚拟实验、在线实习等方面。

（一）多媒体教学

1. 概念

多媒体教学是指在教学过程中使用多种媒体手段，如图像、声音、文字、视频等，以提供更加生动、直观、多元化的学习体验。在高校劳动教育中，多媒体教学可以为学生展示实际操作过程、技术原理，加深对知识点的理解。

2. 应用场景

操作演示与展示：利用多媒体技术，教师可以录制实际操作的视频，展示具体的技能操作流程。学生通过观看这些视频，能够更清晰地了解实际工作中的步骤和技巧。

案例分析与解析：多媒体教学还可以用于呈现真实案例，让学生通过多媒体材料进行案例分析与解析。这有助于学生理解实际工作中可能遇到的问题，提高问题解决的能力。

技术原理与知识点解释：利用动画、图像、声音等多媒体元素，可以生动地解释技术原理和相关知识点，使学生更易于理解抽象概念，提高学习效果。

3. 优势

生动直观：多媒体教学可以通过图像、视频等形式直观地呈现实际操作场景，使学生

对所学知识有更为生动的印象。

多元化呈现：利用不同的媒体形式，可以满足不同学生的学习风格，提高教学的灵活性。

可反复学习：学生可以随时随地通过多媒体教材进行反复学习，加深对知识点的理解。

（二）虚拟实验

1. 概念

虚拟实验是利用计算机技术模拟实际实验过程，使学生能够在虚拟环境中进行实验操作，获取实验数据，进行结果分析。在高校劳动教育中，虚拟实验可以弥补实际实验受条件、资源等限制的不足。

2. 应用场景

实验操作模拟：虚拟实验可以模拟各种实际工作场景，让学生在虚拟环境中进行实际操作。这对于一些高危险、高难度的实验操作尤为重要。

实验数据获取：虚拟实验可以生成实验数据，学生可以在模拟环境中进行数据采集、处理和分析，提高数据分析和实验设计的能力。

实验场景变换：虚拟实验平台可以实现实验场景的快速变换，使学生能够接触到更多不同的实际工作情境，拓宽实践经验。

3. 优势

安全性：高危险性实验可以在虚拟环境中进行，保障学生的安全，减少实验事故的风险。

资源节约：虚拟实验不需要大量的实验器材和实验室空间，有助于克服资源不足的问题。

学习灵活性：学生可以根据个人学习进度和兴趣进行虚拟实验，提高学习的自主性和灵活性。

（三）在线实习

1. 概念

在线实习是指学生通过互联网技术，远程参与真实的工作场景，完成实际工作任务。这种形式的实习可以在虚拟实境中进行，也可以通过远程协作与企业、实验室等进行合作。

2. 应用场景

远程实习项目：学生可以通过在线平台参与企业的实际项目，完成真实的工作任务，提高实际操作经验。

虚拟企业合作：一些高校与企业建立在线实习平台，学生可以与企业员工进行远程协作，共同完成实际项目。

实际操作培训：针对一些实际工作中的操作技能，学生可以通过在线实习平台进行实际操作培训，提高实用技能。

3. 优势

实际工作经验：在线实习使学生能够在真实的工作场景中参与实际项目，积累实际工作经验，增强就业竞争力。

跨地域合作：学生可以通过在线实习与全球范围内的企业或实验室进行合作，促进跨文化交流，提高国际化视野。

资源整合：在线实习平台能够整合各类实际项目和企业资源，为学生提供更广泛的实践机会，促进理论与实际的紧密结合。

（四）智能化实训设备

1. 概念

智能化实训设备是指应用物联网、传感器、人工智能等技术，对实训设备进行智能化改造，使得设备能够实时采集数据、进行智能分析，并根据学生的操作进行实时反馈。这种设备可以广泛应用于高校劳动教育的实训过程。

2. 应用场景

智能化工作台：对实训工作台进行智能化改造，能够实时监测学生的操作，提供实时的数据反馈和操作建议。

智能模拟设备：利用虚拟现实技术和智能传感器，模拟实际工作场景，提供更真实、更具挑战性的实训体验。

智能化教学仪器：对实验仪器进行智能化改造，能够记录实验数据，分析实验结果，并为学生提供智能辅助。

3. 优势

实时监测：智能化实训设备能够实时监测学生的操作过程，及时发现并纠正错误，提高实训效果。

个性化反馈：根据学生的操作数据，智能化设备可以提供个性化的反馈和建议，帮助学生改进操作技能。

数据分析：设备通过收集学生的操作数据，进行大数据分析，为教师提供更深入的学生表现评估和教学改进建议。

（五）在线沟通与协作平台

1. 概念

在线沟通与协作平台是指利用互联网技术建立的一个学习和交流平台，学生和教师可以在平台上进行实时沟通、协作与交流。在高校劳动教育中，这种平台可以促进学生之间的合作，提高他们的团队协作能力。

2. 应用场景

项目协作：学生可以在在线平台上进行项目协作，共同制定计划、分工合作，提高团队协作与项目管理能力。

实时讨论与答疑：学生可以在平台上进行实时讨论、提问与答疑，促进学科知识的共享与交流。

资源共享：在线平台可以用于学生之间的资源共享，包括教学资料、学习心得等，提高学习效率。

3. 优势

时空弹性：在线平台打破了时间和地域的限制，学生可以随时随地进行协作和交流。

多媒体支持：平台上可以支持文本、图片、视频等多种形式的信息展示，丰富了学习和交流的方式。

实时反馈：学生和教师可以通过平台实时了解项目进展、学生困惑，及时进行调整和支持。

高校劳动教育中教育技术的应用，既有助于提升学生的实际操作技能，也为教学提供了更多创新的可能性。多媒体教学、虚拟实验、在线实习、智能化实训设备、在线沟通与协作平台、移动学习应用、教育数据分析与个性化学习、安全管理与监控系统等各种技术手段的综合应用，使得高校劳动教育更加贴近实际需求，更具灵活性，更富有创意。

第二节　在线教育与远程实践

一、在线教育的发展历程与现状

随着科技的不断进步和互联网的普及，在线教育在过去几十年里取得了显著的发展。从最初的简单视频课程到如今的智能化学习平台，在线教育已经成为教育领域中不可忽视的重要组成部分。下面将探讨在线教育的发展历程，以及当前的现状，涵盖技术、市场、政策等方面的因素。

（一）发展历程

1. 早期阶段

在线教育的起源可以追溯到计算机技术的初期。20世纪70年代末，一些大学开始利用计算机辅助教学（CAI）系统，为学生提供基于电脑的教育资源。这一阶段的在线教育主要以文本和简单的图形为主，互动性较低。

2. 互联网时代的崛起

随着互联网的普及，20世纪90年代末和21世纪初，在线教育开始进入一个新的阶段。网络带宽的提升和多媒体技术的发展使得在线教育可以更加丰富和多样化。一些大学和机构开始提供在线课程，但由于技术和平台的限制，学生参与度相对较低。

3. 大规模开放在线课程（MOOC）

2012年左右，大规模开放在线课程（MOOC）成为在线教育领域的一项重要创新。Coursera、edX、Udacity等平台涌现，为全球范围内的学生提供免费或付费的高质量课程。MOOC采用了更灵活的学习模式，通过在线视频、讨论论坛和测验等方式提高了学生的参与度。

4. 移动学习和智能化技术

随着移动互联网的快速发展，移动学习成为在线教育的重要趋势。学生可以通过手机或平板随时随地进行学习。同时，智能化技术如人工智能和大数据分析也被应用于在线教育，个性化学习和智能辅助教学逐渐成为可能。

（二）现状分析

1. 技术发展的推动

当前，在线教育在技术层面上呈现出几个显著的特点。首先，虚拟现实（VR）和增强现实（AR）技术的应用逐渐成熟，为实践性和体验性较强的学科提供了更好的教学手段。其次，区块链技术的引入使得学历和证书的验证更加安全可靠。这些技术的发展为在线教育的不断创新提供了支持。

2. 市场竞争与商业模式

在线教育市场逐渐形成了一种多元化的竞争格局。除了传统高校提供的在线课程外，许多初创公司也纷纷进入这一领域，推动了在线教育商业模式的创新。付费课程、会员制度、广告收入等多种盈利模式共同构建了一个庞大的在线教育市场。

3. 政策支持与监管

各国政府对在线教育的政策支持日益加强。一方面，政府通过资金和政策鼓励高校和培训机构开展在线教育；另一方面，也加强了对在线教育平台的监管，以确保教育资源的质量和学生的权益。政策的引导对在线教育的发展产生了深远的影响。

4. 持续的挑战与改进

尽管在线教育取得了显著的成就，但仍然面临一些挑战。首先，教育资源的质量和有效性仍然是一个关键问题。其次，学生的参与度和学习动力也需要不断提高，避免出现大量的"掉线学生"。此外，隐私和安全问题也需要得到更好的解决。

（三）未来展望

1. 技术创新的前景

未来，随着人工智能、大数据和 5G 等技术的不断发展，在线教育将迎来更多的技术创新。个性化学习系统将更加智能化，虚拟现实和增强现实技术将为学生提供更为沉浸式的学习体验。这些技术的应用将推动在线教育不断进步。

2. 教育模式的变革

未来的在线教育将更加注重跨学科融合和实践能力培养。多元化的学科结构和强调实际操作的教学模式将成为趋势。同时，在线教育将更加强调学生自主学习和团队协作能力的培养。这可能通过项目化学习、远程实习和虚拟团队合作等方式实现，使学生在实际问题解决中获得更为丰富的经验。

3. 国际化合作与资源共享

未来，国际化合作将成为在线教育的重要发展方向。通过跨国合作，学生可以获得来自全球各地优质教育资源。同时，国际化合作也将促进不同文化之间的交流与理解，培养学生具备国际化视野。

4. 社会责任与可持续发展

随着在线教育的普及，教育平等和可及性问题将更加受到关注。未来，社会责任感强的在线教育平台可能会采取更多措施，确保在全球范围内为更多人提供平等的学习机会。可持续发展也将成为在线教育的发展理念，包括环保、社会公益和经济可持续性等方面的考虑。

5. 持续改进与反思

在线教育将面临不断变化的社会、科技和教育环境。在未来，不断进行改进和反思将成为在线教育的常态。从教学内容的更新到教学方法的创新，不断提高教育质量和学生体验将是在线教育发展的核心动力。

总体而言，在线教育经历了从简单的计算机辅助教学到大规模开放在线课程和智能化学习的演变。当前，技术的快速发展、市场的多元竞争、政策的支持以及不断的挑战和改进都构成了在线教育的现状。未来，技术创新、教育模式的变革、国际化合作、社会责任和持续改进将推动在线教育进入新的发展阶段。

在线教育的未来不仅关乎教育本身，更关乎社会的进步和人类的发展。在这个不断变革的时代，持续关注在线教育的发展，促进创新与合作，将有助于推动教育的全球化和普及，为更多人提供更高质量的学习机会，使教育成为推动社会变革和可持续发展的强大力量。

二、在线互动与学生参与度的提升

随着科技的飞速发展和互联网的普及，教育领域也经历了巨大的变革，其中在线互动成为教学中的一个重要组成部分。在线互动通过各种工具和平台，为学生提供了更加灵活、个性化的学习方式，并在很大程度上促进了学生的参与度。下面将深入探讨在线互动的定义、实施方式，以及提升学生参与度的方法。

（一）在线互动的定义与形式

1. 定义

在线互动是指通过互联网技术，利用各种在线工具和平台，实现学生与教师、学生与学生之间的交流、互动和合作。这种互动可以是同步的，也可以是异步的，涵盖了文字、图像、音频和视频等多种形式。

2. 实施方式

在线互动可以通过多种方式实施，其中包括：

（1）讨论论坛

讨论论坛是一种常见的在线互动形式，学生可以在论坛上发表自己的观点、回复他人的观点，进行深入的学术或主题性讨论。

（2）实时聊天

实时聊天工具使学生和教师能够在课程进行中进行实时交流，提问、回答问题，增强课堂氛围。

（3）在线投票和问卷

通过在线投票和问卷工具，教师可以征集学生的意见和反馈，用于调整教学内容和方法。

（4）多媒体资源共享

教师可以通过在线平台分享多媒体资源，如视频、PPT 等，以提供更生动、直观的学习体验。

（二）在线互动对学生参与度的影响

1. 提高学习兴趣

通过在线互动，学生可以更加自由地表达自己的看法和疑问，参与到有趣的讨论中。这种积极的参与能够提高学生的学习兴趣，激发学生的学习动力。

2. 促进学生思维深度

在线互动有助于引导学生进行深入的思考和探讨。在讨论论坛或实时聊天中，学生需要厘清自己的观点，并与他人进行交流，从而促进思维的深度和逻辑性。

3. 打破时间和空间限制

在线互动使得学生可以随时随地参与学习，不再受制于传统教室的时间和空间限制。这种灵活性有助于满足不同学生的学习需求，提高参与度。

4. 个性化学习体验

通过在线互动，教师可以更好地了解每个学生的学习情况和需求，有针对性地提供个性化的辅导和指导。这种个性化学习体验能够更好地提高学生的学习兴趣和参与度。

（三）提升在线互动的学生参与度的方法

1. 设计引人入胜的互动任务

为了提升学生参与度，互动任务的设计至关重要。任务应该具有足够的吸引力，能够引起学生的兴趣和好奇心。可以通过设计有趣的问题、挑战性的任务或实践性的项目，激发学生的主动参与。

2. 促进同学之间的合作

在线互动不仅仅是学生与教师之间的互动，还包括学生之间的合作。教师可以设计小组项目、团队讨论等活动，促使学生相互交流、合作，提高整体的参与度。

3. 提供及时反馈

及时的反馈可以帮助学生了解自己的学习情况，激发学习动力。教师可以通过在线评估工具、实时聊天等方式，及时给予学生反馈，帮助他们更好地理解和应用知识。

4. 创造互动性强的学习环境

在在线课程中，创造一个互动性强的学习环境是关键。教师可以通过定期组织在线讨论、答疑活动，提供在线助教服务等方式，增强学生与课程内容之间的互动性。

5. 鼓励多元表达方式

学生的学习方式各异，因此应该鼓励多元化的表达方式。除了文字表达外，教师可以鼓励学生通过图像、音频、视频等多种方式参与互动，以满足不同学生的学习风格。

（四）挑战与未来展望

1. 挑战

尽管在线互动在提升学生参与度方面取得了显著成果，但仍然存在一些挑战需要克服。其中包括：

（1）技术差异和设备限制

学生的技术设备和网络状况可能存在差异，一些学生可能面临技术使用的困难。为了解决这一问题，需要提供技术支持，并确保在线互动工具的兼容性和易用性。

（2）学生参与度不均衡

一些学生可能更容易参与在线互动，而另一些学生可能由于个人原因或学科特性而表现较为保守。教师需要采取措施，鼓励所有学生参与，确保参与度的均衡。

（3）评估与监管难题

在线互动涉及学生的言论和交流，如何进行评估和监管成为一个挑战。教师需要制定明确的规则和标准，并利用技术手段对互动过程进行监管，确保学习环境的秩序和安全。

2.未来展望

面对挑战，未来在线互动仍有巨大的发展潜力：

（1）创新技术的应用

随着虚拟现实（VR）和增强现实（AR）技术的不断发展，未来这些创新技术有望进一步丰富在线互动的形式，为学生提供更为沉浸式的学习体验。

（2）数据驱动的个性化学习

借助大数据和人工智能技术，未来在线互动平台可以更加精准地分析学生的学习行为和需求，为每个学生提供个性化的学习路径和资源，从而提高学生的参与度和学习效果。

（3）跨学科合作与全球化

未来，在线互动有望促进跨学科的合作，打破学科壁垒，为学生提供更广泛的学科体验。同时，全球范围内的在线互动也将增加，促进不同文化之间的交流与合作。

（4）持续专业发展

教师在在线互动的实践中需要不断提升自己的技能，包括教学设计、在线工具使用等方面。未来的发展需要提供更多面向教师的专业发展机会，以支持其更好地利用在线互动提升学生参与度。

在线互动作为教育领域中的一项重要创新，对提升学生的参与度和学习体验起到了积极的作用。通过各种实施方式和方法，教师可以创造出丰富多样的在线互动环境，激发学生的学习兴趣，促进思维深度，打破时间和空间的限制。

然而，要充分发挥在线互动的潜力，需要教育机构、教师和技术开发者共同努力，解决存在的挑战，不断推动创新。未来，随着技术的进步和教育理念的演变，在线互动将继续发挥重要的作用，为学生提供更为灵活、个性化的学习机会，推动教育的不断进步。

第三节 移动学习与虚拟实验

一、移动学习技术的特点与优势

随着移动互联网技术的飞速发展，移动学习（Mobile Learning，简称 M-learning）作为一种创新的学习方式逐渐受到广泛关注。移动学习以便携性、灵活性和个性化为特点，为学习者提供了随时随地、个性化定制的学习体验。下面将深入探讨移动学习技术的特点与优势，涵盖技术层面、学习体验以及教育发展的角度。

（一）移动学习技术的特点

1. 便携性

移动学习的最显著特点之一就是便携性。通过各种移动设备，如智能手机、平板电脑、笔记本电脑等，学习者可以在任何时间、任何地点进行学习。这种便携性极大地提高了学习的自由度，使学习过程不再受制于固定的地点和时间。

2. 多样性的学习资源

移动学习技术使学习资源更加多样化。学习者可以通过移动设备访问各种学习资料，包括文字、图像、音频和视频等多种形式的内容。这种多样性的学习资源有助于满足不同学习者的学习风格和需求，提供更为丰富的学习体验。

3. 个性化学习

移动学习强调个性化学习体验。通过技术手段，系统可以根据学习者的兴趣、学科水平和学习进度等因素，提供个性化的学习内容和任务。这种个性化学习有助于提高学习者的学习效果，使学习更为高效和有针对性。

4. 即时反馈

移动学习技术支持即时反馈机制。学习者可以随时随地获得作业、测验和课程内容的即时反馈。这不仅有助于学习者及时了解自己的学习情况，还能够及时调整学习策略，提高学习效果。

5. 互动性

移动学习提倡学习者之间的互动。通过在线讨论、协作项目和社交媒体等方式，学习者可以与同伴和教师进行实时互动。这种互动性有助于促进学习者之间的知识共享和合作学习，创造更加丰富的学习社区。

（二）移动学习技术的优势

1. 灵活性和自主性

移动学习的灵活性和自主性是其最为显著的优势之一。学习者可以根据自己的时间和地点选择学习内容，自主安排学习计划。这种自主性有助于激发学习者的学习动力，使其更加主动地参与学习过程。

2. 提高学习效率

移动学习技术的个性化特点有助于提高学习效率。系统可以根据学习者的学科水平和学习速度调整学习内容，使学习者能够更快地掌握知识点。即时反馈和复习功能也有助于巩固学习效果，提高记忆和理解水平。

3. 降低学习门槛

移动学习通过利用智能手机等普及的移动设备，降低了学习的门槛。相对于传统的学习方式，移动学习无须特定的硬件设施，只需要简单的移动设备和网络连接即可。这为更多人提供了接触高质量教育资源的机会，促进了教育的普及。

4. 实时更新和动态调整

移动学习的学习内容可以随时进行更新和调整。教育机构和教师可以根据最新的知识和行业发展，及时更新学习资料，确保学习者获取到最新、最权威的信息。这种实时更新有助于提高学习的时效性和实用性。

5. 社交化学习

移动学习通过社交媒体、在线讨论等方式，促进了学习者之间的社交化学习。学习者可以分享自己的学习心得、交流经验，形成学习社群。社交化学习有助于打破学习的孤立性，促进学习者之间的交流与合作。

（三）移动学习在教育领域的应用

1. 在高等教育中的应用

在高等教育领域，移动学习被广泛应用于课程学习、实践教学和科研活动中。学生可以通过移动设备随时随地获取课程资料，进行在线学习和参与讨论。移动学习为高等教育提供了更加灵活和个性化的学习方式，同时促进了学生之间的互动和合作。

2. 在职业培训和继续教育中的应用

移动学习在职业培训和继续教育方面也发挥了重要作用。企业可以通过移动学习平台为员工提供实时的培训课程，帮助他们不断提升专业技能。这种灵活的学习方式使得职工能够在繁忙的工作中随时进行学习，更好地适应职业发展的需求。

3. 在基础教育中的应用

移动学习在基础教育中同样具有广泛的应用前景。学校可以通过移动学习平台为学生提供丰富多彩的学科资料、学习资源和在线作业。这种方式不仅使得学生能够更加灵活地学习，还有助于培养学生的自主学习能力和信息获取能力。

4. 在偏远地区的推广

移动学习技术也在偏远地区中得到推广。由于这些地区教育资源相对匮乏，移动学习为学生提供了突破传统教育限制的机会。通过简单的移动设备，学生可以获取到来自世界各地的丰富教育资源，实现跨地域的学习。

（四）挑战与应对策略

1. 移动学习的挑战

（1）技术差异和数字鸿沟

在一些地区，由于技术设备和网络的差异，可能存在数字鸿沟，即一些学生无法充分享受到移动学习的便利。解决这一挑战需要提升基础设施建设，保障学生普遍能够获得高质量的移动学习体验。

（2）安全和隐私问题

移动学习涉及大量的个人数据，包括学习记录、测验成绩等。因此，安全和隐私问题是一个不可忽视的挑战。学校和教育机构需要采取有效的措施，确保学生的个人信息得到妥善保护。

2. 应对策略

（1）推动技术发展和基础设施建设

解决技术差异和数字鸿沟问题，需要推动技术的发展，提高设备的普及率，并加强网络建设。政府、企业和社会组织可以共同合作，促进基础设施建设，确保学生能够平等享受到移动学习的便利。

（2）制定严格的数据保护政策

解决安全和隐私问题需要建立完善的数据保护政策。学校和机构应该制定严格的隐私保护规定，保障学生的个人信息不被滥用。同时，采用加密技术和安全协议，确保移动学习平台的数据传输和存储的安全性。

（3）提供培训和支持

为了让教师和学生更好地利用移动学习技术，需要提供相关的培训和支持。学校可以组织培训课程，帮助教师更好地把移动学习技术融入教学中，同时为学生提供使用移动学习平台的指导和支持。

（五）未来展望

随着移动学习技术的不断发展，未来其应用领域将进一步拓展，技术特点也将得到更多创新。以下是未来移动学习的一些展望：

1. 智能化和个性化发展

未来，移动学习有望更加智能化和个性化。借助人工智能技术，移动学习平台可以根据学生的学习行为和反馈，提供更为智能的学习推荐和个性化的学习路径，以满足不同学生的需求。

2. 融合增强现实和虚拟现实技术

随着增强现实（AR）和虚拟现实（VR）技术的发展，未来移动学习有望融合这些技术，提供更为沉浸式的学习体验。学生可以通过 AR 和 VR 技术与学科内容进行互动，增加学习的趣味性和深度。

3. 跨学科整合

未来，移动学习有望更多地与其他学科领域进行整合，包括大数据分析、物联网技术等。这将进一步丰富学习资源，提供更全面的学习体验，促进跨学科的综合学习。

4. 普及全球教育

移动学习技术的应用将有助于普及全球教育。通过简单的移动设备即可获取高质量的教育资源，弥补了传统教育资源不足的问题。这将为更多人提供平等的学习机会，推动全球教育的发展。

5. 教育生态系统的构建

未来，移动学习有望成为一个更加完整的教育生态系统的一部分。学校、教育机构、企业和社会组织可以共同合作，建立起一个多元化、互联互通的教育生态系统，为学生提供更广泛、更灵活的学习资源和机会。

移动学习技术的特点和优势使其在教育领域取得了显著的进展，为学习者提供了更加灵活、便捷、个性化的学习方式。通过克服技术和安全隐患，未来移动学习有望在全球范围内推动教育的发展，促进知识的传播和共享。随着科技的不断创新和社会的不断变革，移动学习将在未来继续发挥重要的作用，为学生提供更富有创造力和适应性的学习体验，助力教育的进步和社会的可持续发展。

二、虚拟实验在高校劳动教育中的应用与效果

随着科技的飞速发展，虚拟实验作为一种创新的教育手段，逐渐在高校劳动教育中得到广泛应用。虚拟实验不仅为学生提供了更安全、更便捷的实验环境，还拓展了劳动教育

的形式与内容。下面将深入探讨虚拟实验在高校劳动教育中的应用，分析其效果，并探讨未来的发展趋势。

（一）虚拟实验在高校劳动教育中的应用

1. 虚拟实验的概念

虚拟实验是一种利用计算机技术和模拟技术，通过虚拟环境呈现实验过程和实验现象的实验形式。它模拟了真实实验的操作和结果，使学生能够在虚拟环境中完成实验，达到类似真实实验的学习效果。

2. 虚拟实验在劳动教育中的特点

（1）安全性

劳动教育中的实验通常涉及一些较为危险的操作，而虚拟实验能够提供一个安全的学习环境，避免了学生在真实实验中可能面临的危险。

（2）可重复性

虚拟实验具有良好的可重复性，学生可以反复进行实验，巩固知识点，提高实际操作技能，而真实实验受时间、设备和费用等限制，不易进行多次。

（3）可视化

通过虚拟实验，学生能够直观地看到实验过程和结果，加深对实验原理的理解。虚拟实验提供了更为生动、直观的学习体验。

（4）灵活性

虚拟实验具有较强的灵活性，可以根据不同的学习目标和学科特点进行定制。教师可以根据课程需要灵活调整虚拟实验的内容和难度。

3. 虚拟实验在高校劳动教育中的具体应用

（1）虚拟实验室

通过构建虚拟实验室，模拟真实实验室中的设备和仪器，学生可以在虚拟环境中进行实验操作。这种方式既解决了实验室资源有限的问题，又提供了实验过程的可视化。

（2）虚拟制造工艺

在工程类专业的劳动教育中，虚拟实验可以模拟制造工艺，让学生通过虚拟环境学习和练习，掌握相关的工程实践技能，提高实际操作水平。

（3）虚拟安全培训

劳动教育中常涉及一些安全操作，通过虚拟实验，可以模拟危险情况，提供应急处理的培训，增强学生在实际工作中的安全意识和处理能力。

（4）虚拟农业体验

在农业专业的劳动教育中，虚拟实验可以模拟农业生产过程，让学生了解种植、养殖等农业实践，培养他们的实际操作技能和农业生产的综合素养。

4. 虚拟实验的教学手段和工具

（1）虚拟实验软件

针对不同学科和专业，开发了各种虚拟实验软件，例如化学、物理、生物等科学领域的虚拟实验软件，以及工程、医学等专业领域的虚拟实验工具。

（2）虚拟实验平台

一些高校和科研机构建立了虚拟实验平台，集成了多个虚拟实验模块，为学生提供全方位、多领域的虚拟实验体验。这种平台通常包括实验设计、模拟操作、数据分析等功能。

（3）虚拟现实技术

近年来，随着虚拟现实（VR）技术的发展，虚拟实验也更加趋向于使用 VR 技术。学生可以通过头戴式显示器等设备进入虚拟实验环境，实现更为身临其境的学习体验。

（二）虚拟实验在高校劳动教育中的效果

1. 提高学生实际操作技能

虚拟实验通过模拟真实实验过程，使学生能够在虚拟环境中进行实际操作，提高了他们的实际操作技能。学生可以在虚拟环境中多次练习，熟悉实验步骤，提高操作的熟练度。

2. 拓宽实验内容和领域

传统实验室受空间和设备的限制，虚拟实验则可以更灵活地设计和模拟各种实验场景，拓宽了实验的内容和领域。学生可以接触到更多不同领域的实验，增加了他们的学科广度。

3. 提高学生实验设计和数据分析能力

虚拟实验不仅提供了实际操作的机会，还包括实验设计和数据分析的环节。学生需要在虚拟环境中设计实验方案，收集和分析数据，培养了他们的实验设计和数据处理能力。

4. 增加学生对实验原理的理解

虚拟实验通过可视化的方式呈现实验过程和实验现象，使学生能够更直观地了解实验原理。这有助于深化学生对实验原理的理解，促进理论与实践的结合。

5. 提高学生的学科兴趣

虚拟实验通过生动、直观的方式呈现实验过程，增加了学生的学科兴趣。学生在虚拟实验中能够更主动地参与学习，提高学科学习的积极性。

6. 解决实验室资源有限的问题

一些高校面临实验室资源有限的问题，虚拟实验通过模拟实验环境，能够在一定程度上解决实验资源不足的难题，确保学生都能够进行实验学习。

（三）虚拟实验在高校劳动教育中的挑战

1. 技术设备和成本

虚拟实验通常需要一定的技术设备支持，如计算机、VR 设备等。一些高校在技术设备和软硬件成本上可能存在一定的压力，这成为推广虚拟实验的一个挑战。

2. 与真实实验的差异

虽然虚拟实验模拟了真实实验的操作和过程，但仍然难以完全替代真实实验。一些实验现象可能在虚拟环境中难以准确模拟，这导致学生在面对真实实验时可能感到陌生。

3. 学生沉浸度和参与度

部分学生可能在虚拟实验中缺乏真实实验的亲身体验感，导致沉浸度不足，影响学生的参与度。如何提高学生在虚拟实验中的投入感，是需要进一步研究和改进的问题。

4. 教师培训和支持

虚拟实验的应用需要教师具备一定的技术水平和虚拟实验平台的使用经验。因此，教师培训和支持也是推广虚拟实验面临的挑战之一。

（四）虚拟实验在高校劳动教育中的未来发展趋势

1. 虚拟实验与实际实验的结合

未来，虚拟实验与实际实验将更加紧密地结合。虚拟实验可以作为实际实验的辅助手段，通过预习和复习，提高学生的实验效果。

2. 智能化技术的应用

随着人工智能技术的不断发展，未来虚拟实验有望引入更多智能化技术。例如，利用人工智能算法对学生在虚拟实验中的表现进行分析，为其提供个性化的学习建议和反馈，从而更好地满足学生的学习需求。

3. 虚拟现实技术的进一步应用

虚拟现实技术在虚拟实验中的应用将进一步深化。通过更先进的虚拟现实设备，学生可以更真实地感受到实验场景，提高沉浸感和参与度。这将为高校劳动教育带来更为丰富和真实的实验体验。

4. 多学科整合

未来虚拟实验将更加注重多学科整合，打破学科间的界限，提供跨学科的虚拟实验体验。这有助于培养学生的综合能力，使其能够更好地应对复杂的实际工作场景。

5. 虚拟实验平台的开放性和共享性

虚拟实验平台有望变得更加开放和共享。不同高校和机构可以共同建设虚拟实验资源库，分享开发的虚拟实验模块，提高资源的利用效率，促进虚拟实验的进一步发展。

6.深度融合在线教育

随着在线教育的兴起，虚拟实验将更深度地融入在线教育平台。学生可以通过网络平台随时随地进行虚拟实验学习，这将为高校劳动教育提供更大的灵活性和普及性。

虚拟实验作为一种创新的教育手段，在高校劳动教育中发挥着越来越重要的作用。通过提供安全、可重复、可视化、灵活的学习环境，虚拟实验丰富了劳动教育的形式与内容，提高了学生的实际操作技能和学科兴趣。然而，虚拟实验在应用过程中仍面临一些挑战，如技术设备和成本、与真实实验的差异、学生沉浸度和参与度等问题，需要不断探索和解决。

未来，随着技术的发展和教育理念的变革，虚拟实验有望迎来更广阔的发展空间。智能化技术、虚拟现实技术的应用以及多学科整合将成为虚拟实验发展的重要方向。同时，虚拟实验平台的开放性和共享性有助于构建更加完善的虚拟实验资源库，为高校劳动教育提供更丰富、更灵活的实验教学资源。虚拟实验的未来发展将深度融合在线教育，为学生提供更为便捷、高效的学习方式，推动高校劳动教育的不断创新与发展。

第四节　大数据与学习分析

一、大数据在高校劳动教育中的潜在应用

（一）概述

随着大数据技术的迅速发展，其在各个领域的应用也逐渐成为现实。在高校教育领域，劳动教育作为学生全面发展的一部分，大数据的应用有望为劳动教育提供更为科学、个性化的支持。下面将探讨大数据在高校劳动教育中的潜在应用，深入研究其在课程设计、学生评估、资源管理等方面的可能性，并对未来发展趋势进行展望。

（二）大数据在高校劳动教育中的潜在应用

1.课程设计与个性化学习

（1）学生兴趣和能力分析

大数据可以通过分析学生的学科兴趣和能力数据，为课程设计提供重要参考。通过监测学生在劳动教育实践中的表现，系统可以了解每个学生的特长、喜好，为教师量身定制劳动教育的内容，使之更符合学生的实际需求。

（2）课程难度调整

通过大数据分析学生在不同劳动教育项目中的表现，系统可以调整课程难度，确保学生在劳动实践中既能够面对挑战，又不至于过于困难。这样的个性化调整有助于提高学生

对劳动教育的参与度和学科兴趣。

2. 学生评估与综合素质分析

（1）实时评估与反馈

大数据技术可以实现对学生在劳动实践中表现的实时监测与评估。通过传感器、监控设备等采集学生在实际劳动中的数据，系统可以及时生成评估报告，为教师和学生提供即时反馈。这有助于学生更好地了解自己在实践中的表现，促使其进行及时调整和改进。

（2）综合素质分析

大数据分析可以将学生在劳动教育中的多方面表现进行综合素质分析。除了传统的学科知识评估外，还可以考虑学生的团队协作能力、创新能力、解决问题的能力等方面。通过综合素质分析，学校可以更全面地了解学生的发展状况，为其提供更为精准的个性化培养方案。

3. 资源管理与优化

（1）设备和场地利用率分析

大数据技术可以对校园内劳动教育所需设备和场地的利用率进行深度分析。通过监测设备的使用情况、场地的占用情况，学校可以合理规划资源，提高设备和场地的利用效率，确保劳动教育资源得到最大化的利用。

（2）项目和实践经验管理

通过大数据管理学生的劳动项目和实践经验，学校可以更好地了解每个学生的实际经历。这有助于建立学生的实践档案，为其未来就业提供更为翔实的实际经验证明。同时，学校也可以根据大数据分析的结果，调整和优化劳动教育项目，确保学生获得更为丰富和实用的实践经验。

4. 就业指导与个性化发展规划

（1）职业倾向分析

通过大数据对学生在劳动教育中表现的综合素质进行分析，可以更好地了解其职业倾向。系统可以根据学生的实际经验和兴趣，为其提供个性化的职业发展建议，帮助学生更清晰地规划未来的职业方向。

（2）行业趋势预测

通过大数据对相关行业的趋势进行分析，学校可以为学生提供更为前瞻性的就业指导。了解不同行业的用人需求、技能要求，有助于学校调整劳动教育内容，使学生更好地适应未来职业的发展趋势。

（三）挑战与解决方案

1. 隐私和数据安全问题

在大数据应用过程中，涉及学生个人信息和表现数据，隐私和数据安全问题是不可忽视的挑战。解决方案包括建立完善的数据安全管理体系，对敏感信息进行脱敏处理，确保学生的隐私得到有效保护。

2.技术设备和基础设施支持

要实现对学生劳动教育表现的大数据分析，需要有强大的技术设备和基础设施支持。解决方案包括学校建设高性能的数据中心，引入先进的传感器和监测设备，确保数据采集的准确性和实时性。同时，投资于培训技术人才，确保有足够的专业人员来支持大数据系统的运行和维护。

3.教师培训和接受度

大数据技术的应用需要教师具备一定的数据分析和应用能力，这对教师提出了新的要求。解决方案包括开展相关的教师培训课程，提高教师对大数据应用的理解和接受度。同时，建立支持体系，为教师提供及时的技术支持，鼓励其积极参与大数据在劳动教育中的实践。

4.数据分析算法的优化

大数据分析涉及复杂的算法和模型，其准确性和效果直接影响到应用的效果。解决方案包括不断优化数据分析算法，结合机器学习和人工智能技术，提高数据分析的精准度和智能化水平。建立专业的数据科学团队，持续关注新技术的发展，确保大数据分析的方法始终保持在行业领先水平。

（四）未来发展趋势

1.智能化辅助决策系统

未来，大数据在高校劳动教育中的应用将更加智能化。通过引入人工智能技术，建立智能化辅助决策系统，为学校、教师和学生提供更为智能、个性化的决策支持。系统可以根据学生的表现数据，自动生成个性化的学习计划、发展规划，为学校提供优化资源配置和劳动教育项目设计的建议。

2.跨学科数据整合

未来，大数据将更多地跨足不同学科领域，实现跨学科数据的整合。这意味着不仅可以分析学生在劳动教育中的表现，还可以结合其他学科的数据，为学生提供更为全面的发展建议。例如，结合学科成绩、社会实践、心理健康等多方面数据，形成更为立体的学生画像。

3.个性化劳动教育体验

未来，大数据的应用将使劳动教育更加个性化。通过分析学生的兴趣、能力、职业倾向等信息，学校可以为每个学生提供独特的劳动教育体验。这不仅包括个性化的课程设置，还可能涉及个性化的实践项目、实习机会等，使每位学生在劳动教育中找到更适合自己的发展路径。

4.多模态数据融合

未来，大数据的应用将更加注重多模态数据的融合。除了传统的数字化数据，还可以结合视觉、声音、触感等多种感官信息，建立更为全面的学生画像。例如，通过监测学生在实际劳动中的动作、情感表达等，为学校提供更为细致入微的学生分析和发展建议。

大数据在高校劳动教育中的潜在应用为教育领域带来了巨大的创新和改变。通过深度分析学生在劳动实践中的表现，学校可以更好地了解学生的需求，为其提供更为个性化、科学化的劳动教育支持。然而，同时也面临着隐私安全、技术设备支持、教师培训等一系列挑战，需要学校、政府和企业等多方共同努力，共同推动大数据在高校劳动教育中的良性发展，为学生提供更优质的教育服务。

二、学习分析的方法与工具介绍

随着信息技术的飞速发展，学习分析作为一种基于数据科学和教育技术的新兴领域，逐渐引起了学界和教育机构的广泛关注。学习分析通过收集、处理、分析学习过程中的数据，旨在深入理解学生的学习行为、提高教学效果、个性化教育，并为决策制定提供支持。下面将介绍学习分析的基本概念，探讨学习分析的方法和工具，以及其在教育领域中的应用。

（一）学习分析的基本概念

1.学习分析的定义

学习分析是一种基于学习数据的分析方法，通过整合多种数据源，从而帮助教育者更好地理解学生的学习行为、提高教学质量、优化教学设计。学习分析的目标是通过对学生学习活动的监测、分析和解释，促进学生的学术成功和个人发展。

2.学习分析的核心要素

学习分析主要包括以下核心要素：

（1）数据收集

学习分析的第一步是收集学习过程中产生的大量数据，这包括学生在在线学习平台上的操作记录、作业提交情况、在线测验成绩等多种数据。

（2）数据处理和分析

在数据收集的基础上，学习分析利用数据处理和分析技术，挖掘数据中蕴含的信息。这涉及统计分析、机器学习、数据挖掘等多个领域的知识。

（3）结果呈现

学习分析的最终目的是为教育者提供可视化、易于理解的结果。这些结果可以包括学生的学习趋势、潜在问题、个性化建议等，为教育者决策提供科学依据。

3.学习分析的重要意义

学习分析在教育领域有着重要的意义。

个性化教育：通过学习分析，教育者可以更好地了解每个学生的学习风格、兴趣点和潜在问题，从而个性化地调整教学策略，满足不同学生的需求。

提高教学效果：学习分析可以帮助教育者评估教学活动的效果，发现问题并及时调整教学方法，从而提高教学效果。

预测学生表现：通过对学生学习数据的分析，可以预测学生未来的学术表现，及早发现可能存在的问题，采取针对性的干预措施。

决策支持：学习分析为教育决策提供了科学依据，帮助决策者更好地制定教学政策、资源配置和学科发展规划。

（二）学习分析的方法

学习分析的方法涵盖了多个领域，包括统计学、数据挖掘、机器学习等。以下是常见的学习分析方法：

1. 描述性分析

描述性分析是学习分析的基础，它通过对学生的学习行为进行描述和总结，提供对学生整体情况的认知。常用的描述性分析方法包括：

（1）汇总统计

通过对学生的学习数据进行统计，生成总体概况，包括平均值、中位数、众数等。

（2）频率分布分析

将学生的学习数据按照一定的区间划分，统计每个区间的频率，从而了解学生在不同范围内的表现。

（3）时间序列分析

通过分析学生学习数据的时间序列变化，揭示学生的学习趋势，发现可能存在的周期性变化或趋势。

2. 预测性分析

预测性分析旨在通过历史学习数据预测未来学生的学习表现。常见的预测性分析方法包括：

（1）回归分析

通过建立数学模型，分析学生学习数据与学术成绩之间的关系，进而预测学生未来的学术表现。

（2）时间序列预测

基于学生学习数据的时间序列变化，利用时间序列分析方法，预测学生未来的学习趋势。

（3）机器学习算法

应用机器学习算法，如决策树、随机森林、神经网络等，对学生的历史数据进行训练，以建立预测模型，预测未来学生的学习表现。

3. 关联性分析

关联性分析旨在发现学习数据之间的关联关系，揭示不同学习因素之间的相互影响。常见的关联性分析方法包括：

（1）关联规则挖掘

通过挖掘学生学习数据中的关联规则，找到不同学习因素之间的关系，为个性化教学提供依据。

（2）因子分析

通过对学生学习数据进行因子分析，揭示不同学习因素之间的共性和相关性，为教学设计提供参考。

4. 敏感性分析

敏感性分析旨在识别学习系统中对学生成绩影响最大的因素，从而指导学校和教师有针对性地进行教学改进。常见的敏感性分析方法包括：

（1）灵敏度分析

通过改变不同学习因素的值，观察学生成绩的变化情况，识别出对学生成绩影响最敏感的因素。

（2）增益分析

通过对学生学习数据的变化进行分析，确定哪些学习因素的变化对学生成绩的提升最为有效。

（三）学习分析的工具

为了实现学习分析，需要借助一系列工具和平台。以下是一些常用的学习分析工具：

1. 学习管理系统（LMS）

学习管理系统是一种集成了学生管理、课程管理、在线学习等功能的平台，可以收集学生在学习过程中产生的大量数据。常见的学习管理系统包括 Moodle、Canvas、Blackboard 等。

2. 数据可视化工具

数据可视化工具可以将庞大的学习数据以图表、表格等形式直观呈现，帮助教育者更好地理解数据。常见的数据可视化工具有 Tableau、Power BI 等。

3. 学习分析平台

学习分析平台是专门用于学习分析的工具，可以集成多种数据源，提供多样化的分析方法。常见的学习分析平台包括 OpenLRS、Caliper Analytics 等。

4.机器学习库和框架

机器学习库和框架提供了丰富的机器学习算法和工具，用于建立预测性模型。常见的机器学习库和框架有 Scikit-learn、TensorFlow、PyTorch 等。

5.统计软件

统计软件是进行描述性分析的重要工具，可以进行各种统计分析、建模和可视化。常见的统计软件有 R、SPSS、SAS 等。

（四）学习分析在教育中的应用

1.个性化教学

通过学习分析，教育者可以了解每个学生的学习风格、弱势领域和兴趣点，从而调整教学策略，实现个性化教学，更好地满足学生的学习需求。

2.预测学生成绩

学习分析可以通过历史学习数据建立预测模型，预测学生成绩的趋势，帮助教育者及早发现学生可能存在的问题，采取干预措施。

3.教学质量评估

通过分析学生的学习行为和表现，教育者可以评估教学质量，了解教学活动的效果，及时调整教学设计，提高教学质量。

4.学科发展规划

学习分析还可以用于学科发展规划，通过分析学科内学生的学习情况，了解学科的热点、难点，为学科建设提供决策支持。

学习分析作为教育领域中的一项前沿技术，为教育提供了更为科学、个性化的支持。通过收集、处理、分析学习过程中的数据，学习分析助力教育者更好地了解学生、提高教学效果、推动个性化教育。然而，学习分析也面临着诸多挑战，包括隐私问题、数据质量、师生接受度等，需要不断努力解决。

未来，随着技术的不断发展和对学习分析的深入研究，相信学习分析将在教育领域发挥更为重要的作用。学校和教育机构应积极应对挑战，合理利用学习分析的方法和工具，为教育提供更加智能、创新的解决方案，推动教育不断进步。

三、大数据对教学决策的支持与挑战

随着信息技术的飞速发展，大数据在各个领域的应用逐渐成为不可忽视的趋势，教育领域也不例外。大数据分析技术能够从庞大的教育数据中提取有价值的信息，为教学决策提供科学支持，同时也带来了一系列挑战。本节将深入探讨大数据对教学决策的支持与挑战，分析其在提升教育质量、个性化教学、资源优化等方面的应用和面临的问题。

（一）大数据对教学决策的支持

1. 教学质量提升

大数据分析可以帮助教育机构更全面、精准地了解教学活动的各个方面，从而提升教学质量。通过分析学生的学习数据、课程评价、教学资源利用情况等，教育者可以发现教学中的亮点和问题，调整教学策略，提高学生的学习效果。

（1）学生成绩分析

大数据分析可以对学生成绩进行全面的分析，识别不同学科或课程中的优势和劣势，挖掘学生成绩背后的规律。通过了解学生成绩的分布、趋势，教育者可以及时调整教学内容、强化教学重点，以提高整体教学水平。

（2）教学资源优化

通过大数据分析，教育机构可以了解教学资源的使用情况，包括教材使用频率、教学设备利用率等。基于这些数据，学校可以进行资源的合理配置和优化，确保教学过程中的资源充分利用，提高教学效益。

2. 个性化教学

大数据为实现个性化教学提供了有力支持。通过对学生学习数据的分析，教育者可以了解每个学生的学习习惯、兴趣爱好、知识水平等，从而调整教学策略，制订更符合个体差异的教学方案。

（1）学习路径分析

大数据分析可以追踪学生的学习路径，了解他们在学习过程中的偏好和习惯。基于这些信息，可以为学生提供个性化的学习路径和推荐，使学生更好地适应自己的学习方式。

（2）智能化辅助系统

借助大数据技术，可以开发智能化的辅助系统，根据学生的学习历史和表现，为其提供个性化的学习建议、题目推荐等。这种智能辅助系统有助于激发学生学习的兴趣，提高学习效果。

3. 拓展学科边界

大数据分析有助于拓展学科边界，促进跨学科的融合。通过对不同学科的数据进行整合分析，可以发现学科之间的关联性和交叉点，为跨学科研究和综合性教学提供支持。

（1）学科交叉分析

通过整合学生在不同学科的学习数据，可以进行学科交叉分析，发现学科之间的关联关系。这有助于设计跨学科的课程，培养学生更全面的知识结构。

（2）创新性研究和项目

大数据分析为学校和教育机构提供了更多的可能性，可以基于学科交叉的数据发现新的研究领域，推动创新性研究和项目的开展。

（二）大数据对教学决策的挑战

1.数据隐私和安全

大数据分析涉及海量的个人学生数据，数据的隐私和安全问题是一个不可忽视的挑战。保护学生个人信息的安全，防止数据被滥用，是大数据应用中亟待解决的问题。

（1）隐私保护法规

在大数据应用中，学校和教育机构需要遵循相关的隐私保护法规，制定明确的数据使用政策，确保学生个人信息得到妥善保护。这可能包括规定数据收集和使用的目的、明确的数据访问权限、数据脱敏技术的使用等措施，以确保学生数据的隐私和安全。

（2）数据存储和传输安全

在大数据分析中，数据的存储和传输涉及多个环节，包括数据采集、存储、处理和分享等。确保这些环节中的数据安全性，防止数据在传输和存储过程中受到未经授权的访问和攻击，是保障大数据安全的关键。

2.数据质量和准确性

大数据分析的有效性和可靠性直接依赖于数据的质量和准确性。如果数据存在错误、缺失或者不准确，分析结果可能导致错误的教学决策，因此确保数据的质量是一个挑战。

（1）数据清洗与整合

由于数据可能来自不同的系统和平台，格式和标准可能存在差异，需要进行数据清洗和整合。这一过程涉及去除错误数据、填充缺失值、解决数据标准不一致等问题，需要投入大量的时间和资源。

（2）数据采集误差

在数据采集阶段，可能存在设备误差、人为误差等导致的数据采集误差。这会影响到数据的准确性，需要采取合适的措施来纠正和调整这些误差。

3.师生接受度

尽管大数据分析在理论上可以提供更科学的决策支持，但实际应用中教育者和学生对其接受度不一。一些教育者可能对大数据的应用持怀疑态度，认为教学不应仅仅依赖于数字数据。同时，学生可能担心个人隐私的泄露，对数据的采集和分析抱有疑虑。

（1）师资培训

教育者对大数据分析技术的理解和应用需要时间，需要提供相关的培训和支持。这包括教育者培训课程、研讨会等形式，以帮助教育者更好地理解和应用大数据分析。

（2）学生隐私担忧

学生对个人隐私的担忧可能影响其对大数据应用的接受度。学校和教育机构需要积极沟通，向学生解释数据采集的目的和保障措施，建立起师生之间的信任。

4.技术设施和投入

实施大数据分析需要相应的技术设施和资源投入，包括高性能计算设备、大容量存储系统、专业的数据分析软件等。对一些资源有限的学校和教育机构来说，这可能是一个不小的挑战。

（1）技术设施建设

大数据分析需要强大的计算和存储能力，因此需要投入资金用于技术设施的建设和维护。学校和机构需要在技术设施上进行合理规划，确保其能够满足大数据处理的需求。

（2）人才培养与招聘

大数据分析需要专业的数据科学家和分析师来进行实施和解读。培养或招聘这样的专业人才可能需要大量的投入。同时，这些人才的培养和招聘也可能受到市场竞争的制约。

（三）应对挑战的策略

1.制定严格的数据隐私政策

学校和教育机构应制定严格的数据隐私政策，明确数据的收集、使用、存储和分享等方面的规定。保障学生和教育者的隐私权益，增加数据使用的透明度，提高数据安全性。

2.加强师资培训

针对教育者对大数据分析的理解和应用程度，学校可以开展相关的培训活动，提供专业知识和技能。这有助于提高教育者的数据分析水平，增强其对大数据的接受度。

3.采用先进的数据清洗技术

为解决数据质量和准确性的问题，可以采用先进的数据清洗技术。自动化的数据清洗工具和算法能够有效减少错误和缺失数据，提高数据的质量。

4.提高学生参与度和教育公开透明度

为了增强学生对大数据应用的信任，学校可以提高学生的参与度，让学生更加主动地参与数据的收集和分析过程。同时，加强教育的公开透明度，向学生解释数据使用的目的，确保学生的知情权。

5.合理大数据与人文关怀

在大数据应用的同时，也应注重人文关怀，确保教育过程中不失去对个体差异和人文关怀的重视。大数据分析的目标应该是更好地服务于教育的本质，促进师生之间的互动和沟通，而非削弱人文关怀。

（1）强调教育目标

大数据分析的过程中，应始终牢记教育的根本目标，即培养学生的全面发展。在数据分析中，不仅要关注学科知识的传授，还要注重学生的人文素养、创造力和团队协作能力等方面的培养。

（2）个性化教育的平衡

个性化教育是大数据应用的重要目标之一，但在实施时要注意平衡。不同学生有着不同的学习风格和需求，但在个性化的同时，也要确保教育的公平性，避免过度强调数据分析结果而忽略了其他因素。

6.提高数据分析的透明度

为增加师生对大数据应用的信任，提高数据分析的透明度是关键一步。学校和教育机构应该向师生明确解释数据的收集目的、使用方式及数据处理的流程。建立一个开放的对话平台，鼓励教育者和学生参与数据使用的决策过程，促进共识的形成。

7.投资于技术设施和人才培养

为解决技术设施和人才培养的问题，学校和机构需要进行投资。这包括购置先进的计算和存储设备、招聘和培养数据科学家和分析师。通过合理的资源配置，可以更好地支持大数据分析的实施。

大数据在教育领域的应用为教学决策提供了更为科学和全面的支持，推动了教育的个性化、智能化发展。然而，面对数据隐私、质量和师生接受度等诸多挑战，教育机构需要审慎推进大数据应用，充分考虑人文关怀，确保教育过程不失为关爱和培养学生个性的平台。通过制定严格的隐私政策、加强师资培训、提高数据分析透明度等措施，可以更好地应对大数据带来的挑战，促使大数据更好地为教学服务。

未来，随着大数据技术的不断发展和完善，教育机构需要持续关注大数据的最新进展，不断改进和优化大数据应用的模式和方法。在实现科学决策的同时，始终坚持以人为本，注重师生个体差异和人文关怀，使大数据真正成为推动教育进步的有力工具。

第五节　教育技术的挑战与前景

一、当前教育技术面临的主要挑战

随着科技的迅猛发展，教育技术在教学过程中扮演着越来越重要的角色。然而，教育技术的应用也面临着一系列的挑战，这些挑战涉及技术本身的限制、教育体系的变革、教育资源的不均衡分配等方面。本书将深入探讨当前教育技术所面临的主要挑战，包括但不限于技术发展、教育体系变革、师生素养、隐私与安全等方面。

（一）技术发展的挑战

1. 快速更新的技术

教育技术领域的技术更新速度极快，新技术层出不穷，这对教育机构和教育从业者构成了挑战。教育者需要不断学习、适应新技术，而教育机构也需要跟进技术发展，更新设备和系统，以确保教育技术的有效应用。

（1）师资培训的不足

由于教育技术的更新速度较快，许多教育从业者可能没有足够的时间和资源参与新技术的培训。师资培训不足导致了一些教育者在使用新技术时的不适应，影响了技术的有效运用。

（2）教育资源的有限性

一些学校和地区可能因为经济原因，无法及时更新硬件设备和购置最新的教育软件。这就造成了技术在不同学校和地区的不均衡分布，进一步加大了技术发展的挑战。

2. 学科融合和跨学科应用

教育技术要实现更好的教学效果，需要实现学科融合和跨学科应用。然而，学科之间的融合和跨学科应用并非易事，需要解决以下问题：

（1）学科知识的整合

不同学科之间存在各自的知识体系和教学方法，如何在教育技术中整合这些知识，实现跨学科的应用，需要深入的研究和实践。

（2）教育资源的整合

跨学科应用也需要整合各种教育资源，包括教材、课程设计、评估工具等。目前，教育资源的数字化程度不同，整合起来存在一定的困难。

（二）教育体系变革的挑战

1. 传统教育模式的抵抗

传统的教育体系通常注重教师在课堂上的授课，而教育技术的应用往往倡导学生自主学习、个性化学习。这种新颖的教育理念在传统教育体系中可能面临抵抗，导致教育技术无法充分发挥作用。

（1）教育观念的更新

传统的教育观念强调教师的主导作用，而现代教育技术倡导学生中心的教学模式。教育者需要更新自己的教育观念，接受更加开放、灵活的教学理念。

（2）制度和政策的调整

要实现教育体系的变革，需要进行制度和政策的调整。但是，由于制度和政策的相对稳定性，调整起来常常受到一系列复杂因素的影响，需要更多的协调和推动。

2. 教育资源的不均衡

在全球范围内，不同地区和国家的教育资源分配不均衡，这也是教育技术面临的一大挑战。有些地区的学校可能缺乏基本的硬件设备和网络支持，导致教育技术的应用水平相对较低。

（1）数字鸿沟

数字鸿沟表现为不同地区、不同学校之间在数字化教育资源的获取和利用上存在差异。有些地区可能拥有先进的硬件设备和高速网络，而有些地区则可能无法获得这些条件。

（2）人才资源的不足

在一些地区，由于教育资源的匮乏，缺乏相关领域的专业人才。即使有了教育技术，也可能因为缺乏专业人才的使用而无法充分发挥其效益。这进一步加大了教育资源不均衡的挑战。

（三）师生素养的挑战

1. 教育者的数字素养不足

教育者在教育技术的应用中，往往需要具备一定的数字素养。然而，一些教育者可能因年龄、教育水平或培训机会的不足而缺乏必要的数字技能，这使教育技术无法得到充分应用。

（1）年龄和教育水平的差异

一些年长的教育者可能对新兴的数字技术感到陌生，不容易接受和应用。而一些地区的教育资源水平较低，导致教育者的数字素养普遍较低。

（2）缺乏系统的培训机会

由于教育系统对教育技术培训的投入有限，很多教育者缺乏系统的培训机会，无法及时了解和掌握新技术，造成数字素养不足。

2. 学生数字鸿沟问题

虽然年青一代学生在数字技术方面通常具有较高的接受度，但在全球范围内，仍然存在学生之间数字素养的差异。

（1）家庭背景的影响

学生的数字素养受到家庭背景的影响。在一些不太富裕的家庭，由于缺乏数字设备和高速网络，学生可能无法享受到与其他地区学生相同的数字教育资源。

（2）教育资源的不均衡

与教育者相似，学生也面临着教育资源不均衡的问题。在一些地区，学生可能无法获得高质量的数字教材、在线课程等资源，影响了其数字素养的提升。

（四）隐私与安全的挑战

1. 学生隐私问题

随着教育技术的广泛应用，学生个人信息的采集和存储变得越来越普遍。然而，学生隐私问题也随之成为一个日益突出的挑战。

（1）个人信息泄露风险

在数字化的教育环境中，学生的个人信息可能被不法分子攻击，存在泄露风险。这可能导致学生个人隐私的泄露，对其造成潜在的伤害。

（2）数据滥用问题

教育技术公司和学校在收集学生数据时，需要确保数据的合法使用和保密性。然而，一些机构可能滥用学生数据，用于商业推广或其他不当用途。

2. 系统安全风险

教育技术系统的安全性直接关系到学校和学生的信息安全。一旦教育技术系统存在漏洞，可能面临数据被盗用、系统被攻击的风险。

（1）数据备份和恢复问题

在数字教育系统中，数据备份和恢复是确保系统安全的重要环节。然而，由于一些学校在这方面的投入不足，可能面临数据丢失和无法恢复的风险。

（2）缺乏专业的信息安全团队

一些学校和机构可能由于资源有限，缺乏专业的信息安全团队。这使得其在面对安全威胁时，难以迅速有效地进行应对和防范。

（五）教育技术伦理的挑战

1. 数据使用的伦理问题

随着教育技术中数据的大量积累，数据使用的伦理问题凸显。教育机构和技术提供商需要谨慎处理学生数据，避免因数据使用不当引发的伦理纠纷。

（1）透明度与知情权

学生及其家长有权了解学校或机构在使用其数据时的具体方式，包括数据的收集目的、使用范围、共享对象等。透明度和知情权是确保数据使用伦理的关键。

（2）利益冲突与利他主义

一些教育技术公司可能追求经济利益，将学生数据用于商业推广。这引发了利益冲突和利他主义问题，涉及教育技术公司对学生数据的真实动机。

2.AI 与教育的伦理问题

随着人工智能技术在教育中的应用，涉及智能评估、学习分析等方面的伦理问题。需要平衡技术的发展和保护学生的权益，确保 AI 在教育领域的应用符合伦理和法律的原则。

（1）隐私保护

在使用人工智能进行学习分析和个性化教学时，学生的个人隐私需要得到充分的保护。AI 系统需要遵循相关的隐私法规，确保学生的个人信息不被滥用和泄露。

（2）不公平的算法

人工智能系统的算法可能受到训练数据的偏见影响，导致不公平的结果。在教育评估和招生录取等方面使用 AI 时，需要确保算法的公正性，防止因算法带来的不平等待遇。

3. 数字鸿沟与社会不平等

教育技术的广泛应用有助于缩小数字鸿沟，但同时也可能加剧社会不平等。一些地区和社群可能因为经济原因或地理原因，难以享受到高质量的教育技术资源。

（1）社会经济地理差异

在一些地区，学校和学生可能缺乏必要的数字设备和网络支持，无法充分利用先进的教育技术资源。这导致了社会经济地理差异在数字教育领域的延续。

（2）数字教育的成本问题

一些高质量的数字教育资源可能需要较高的费用，而一些学校和学生无法负担这样的成本。这使得数字教育的优势未能普及到每个学生，导致社会不平等的进一步扩大。

（六）教育技术发展的可持续性挑战

1. 快速过时的硬件设备

由于技术的快速发展，一些硬件设备很快就会过时，无法适应新的教育技术应用的需求。这导致了大量硬件设备的废弃，对环境造成了负担。

（1）电子废弃物处理问题

随着硬件设备的更新换代，大量的电子废弃物产生，如何处理这些废弃物成为一个重要的环境问题。合理的电子废弃物处理方式对于可持续发展至关重要。

（2）资源浪费

大量硬件设备的过时导致了资源的浪费，包括能源、稀有金属等。可持续的教育技术发展需要更加注重资源的有效利用和循环利用。

2. 能源消耗问题

大规模应用教育技术也带来了巨大的能源消耗问题。数据中心、服务器和网络设备的运行需要大量的电力支持，这对能源资源提出了更高的需求。

（1）绿色能源的推广

为了减缓能源消耗的问题，教育技术领域需要更多地采用绿色能源，如太阳能、风能等。这需要政府、学校和企业共同努力，推动绿色能源在教育技术中的应用。

（2）节能技术的研发

同时，也需要加大对节能技术的研发和应用。通过优化硬件设备和系统，减少能源浪费，提高设备的能效，以降低对能源的过度依赖。

（七）教育技术的未来发展趋势

虽然教育技术面临着一系列挑战，但也在不断发展演进中。为了更好地应对这些挑战，教育技术未来可能朝以下方向发展：

1. 技术培训与师生素养提升

加强教育者和学生的技术培训，提升其数字素养，使其能够更好地应对快速变化的技术环境。这包括制订全面的培训计划、提供在线学习资源等。

2. 增加教育资源的均衡分配

加大对教育资源的投入，努力减小不同地区和学校之间的数字鸿沟。政府、企业和社会各界需要共同努力，推动教育资源的公平分配。

3. 强化隐私与安全保障

建立更为严格的隐私保护机制，确保学生和教育者的个人信息得到妥善保护。同时，加强教育技术系统的安全性，防范潜在的网络攻击和数据泄露。

4. 推动教育体系的变革

鼓励教育体系的创新和变革，推动传统教育模式向更加灵活、个性化的方向发展。建立支持教育技术应用的政策和制度，促进教育体系更好地适应数字时代的需求。这可能包括更新课程设置、引入新的评估方式以及培训更多符合数字时代需求的教育专业人才。

5. 强调伦理意识与社会责任

在教育技术的发展过程中，强调伦理意识和社会责任是至关重要的。教育技术开发者、决策者和使用者应当共同努力，确保技术的发展不仅仅追求经济利益，更要关注对学生和教育体系的积极影响。

6. 加强国际合作与交流

教育技术是一个全球性的议题，各国可以加强国际合作与交流，共同研究解决方案、分享经验和资源。通过跨国合作，可以更好地应对全球范围内的共同挑战，推动教育技术的跨文化发展。

7. 推进可持续发展理念

在教育技术的发展中，要注重可持续发展理念。这包括减少电子废弃物、采用绿色能源、提倡循环利用等方面的实践。通过技术创新和绿色发展，使教育技术更符合可持续发展的要求。

教育技术在促进教育变革、提高教学效果方面发挥着不可替代的作用。然而，面对快速发展的技术和不断变化的教育需求，教育技术也面临着一系列的挑战。这些挑战涉及技术本身的发展、教育体系的变革、师生素养的提升、隐私与安全等多个方面。

为了应对这些挑战，需要各方共同努力，采取综合性的策略。这包括加强技术培训、推动教育体系的变革、提升师生的数字素养、强化隐私与安全保障、注重伦理意识与社会责任等方面。同时，要关注教育技术的可持续发展，避免过度依赖和滥用技术带来的负面影响。

随着不断的努力和创新，相信教育技术将在未来发展中更好地服务于教育事业，为学生提供更丰富、更个性化的学习体验，推动教育向着更加开放、包容、智能的方向发展。

二、技术发展对劳动教育的潜在影响

随着科技的快速发展，技术已经深刻地改变了社会各个领域，包括教育。劳动教育作为培养学生实际动手能力和实用技能的重要组成部分，也受到了技术发展的深刻影响。本书将探讨技术发展对劳动教育的潜在影响，涵盖技术在劳动教育中的应用、对教学模式和内容的改变、学生职业素养的培养等方面。

（一）技术在劳动教育中的应用

1. 虚拟现实（VR）和增强现实（AR）技术

虚拟现实和增强现实技术可以为学生提供更真实的劳动环境体验。通过模拟不同的工作场景，学生可以在虚拟环境中进行实际操作和练习，提高实际操作技能。比如，在建筑类专业中，学生可以通过虚拟现实技术进行建筑设计的模拟与演练。

2. 三维打印技术

三维打印技术为学生提供了制作实物模型的机会，加强了他们的创造力和实际动手能力。在劳动教育中，学生可以通过设计和打印实际零部件，了解工程设计的过程，并在实践中学到相关知识。

3. 云端技术和远程实时协作

云端技术和远程实时协作工具使得学生可以在不同地点协同完成项目，这对培养团队协作和沟通能力非常重要。在劳动教育中，学生可以通过远程协作，共同解决问题，模拟真实工作环境中的协作需求。

4. 智能化设备和自动化系统

随着工业和生产领域的自动化水平不断提高，学生需要具备对智能化设备和自动化系统的操作和维护能力。劳动教育可以通过引入智能化设备，使学生熟悉并掌握与之相关的技能，提高其在未来工作中的竞争力。

（二）教学模式和内容的改变

1. 个性化学习和定制化培训

技术的发展使得教育可以更加个性化，根据学生的兴趣、水平和学习风格进行定制化培训。在劳动教育中，个性化学习可以帮助学生更好地发现自己的兴趣，培养个性化的职业技能。

2. 翻转课堂和在线学习

翻转课堂和在线学习的模式使得学生可以在课堂外通过网络资源获取相关知识，而在课堂上更多地进行实践和应用。这种教学模式可以更好地配合劳动教育的实践性质，让学生在实际操作中学到更多的技能。

3. 项目驱动的教学

技术的发展促进了项目驱动的教学模式的兴起。学生通过参与真实的项目，完成实际任务，不仅提高了实际操作能力，还培养了问题解决和团队协作的能力。这非常符合劳动教育的目标，能够使学生更好地适应未来职业挑战。

（三）学生职业素养的培养

1. 创新与创业意识

技术的发展有力地推动了创新与创业意识的培养。学生通过技术的运用更容易产生创新的思维，对新技术、新业务的接受和应用能力也得到了提升。

2. 跨学科能力

劳动教育不再仅仅是传授某一专业领域的知识，而更强调学生的跨学科能力。技术的发展使得不同领域的知识更为融合，学生需要具备更广泛的技能。劳动教育可以通过引入跨学科的内容，培养学生在解决实际问题时能够综合运用不同领域的知识和技能。

3. 数据分析和解决问题的能力

随着大数据时代的到来，数据分析和问题解决能力成为劳动市场上的重要竞争力。技术的发展为学生提供了更多获取和分析数据的工具，劳动教育可以培养学生对数据的敏感性和分析能力，使其更好地应对未来工作中的复杂问题。

4. 跨文化和国际视野

技术的进步使得世界更加紧密相连，跨文化和国际合作的需求日益增加。劳动教育可以通过引入国际化的内容，培养学生具备跨文化交流和合作的能力，使其更容易适应全球化的职场。

（四）面临的挑战

1. 数字鸿沟

虽然技术的发展为劳动教育带来了丰富的教学资源，但一些地区和学校仍然面临数字鸿沟的问题。缺乏必要的硬件设备和高速网络使得一些学生无法充分利用先进的技术资源，导致教育不均衡。

2. 教育资源不平衡

一些学校可能因为资金不足而无法购置最新的技术设备，导致学生无法接触到最新的技术发展。这可能导致劳动教育无法跟上技术的步伐，影响学生的竞争力。

3. 技术依赖风险

过度依赖技术也可能带来风险。一方面，学生可能因为过分依赖技术而忽视了基本的实际动手能力；另一方面，技术设备的故障或不稳定性可能导致教学中断，影响教学效果。

4. 隐私和安全问题

随着技术在劳动教育中的广泛应用，学生的个人信息可能会面临泄露和滥用的风险。教育机构需要加强隐私保护措施，确保学生的个人信息得到妥善保护。

（五）未来展望

1. 教育技术的创新

未来，随着教育技术的不断创新，劳动教育将更加贴近实际需求，更加注重学生实际动手能力的培养。虚拟现实、人工智能等新技术的广泛应用将使学生在虚拟环境中获得更为真实的实践经验。

2. 跨学科融合

未来的劳动教育将更加强调跨学科的融合。学生不仅仅需要学到自己专业领域的知识和技能，还需要具备一定的跨学科知识，以应对未来工作中的复杂性和多样性。

3. 强调可持续发展

劳动教育将更加注重可持续发展的理念。学生将被教导如何在劳动实践中考虑环境、社会和经济的可持续性，培养他们的社会责任感和环保意识。

4. 提升学生综合素质

未来的劳动教育将更注重学生的综合素质培养，包括创新能力、团队协作能力、问题解决能力等。技术的发展将为这些素质的培养提供更为丰富的平台。

技术发展给劳动教育带来了巨大的机遇和挑战。通过合理利用技术，劳动教育可以更好地培养学生的实际动手能力、创新意识和职业素养。然而，要实现这一目标，需要克服数字鸿沟、教育资源不平衡、技术依赖风险等一系列问题。未来，随着技术的不断进步和教育理念的不断创新，劳动教育将迎来更加灿烂的发展前景。

第五章 高校劳动教育师资队伍建设与培训

第一节 师资队伍的重要性

一、师资队伍对高校劳动教育的关键作用

师资队伍是高校教育的核心资源，对劳动教育而言尤为重要。高校劳动教育旨在培养学生实际动手能力、职业素养和综合素质，而师资队伍作为知识传授、实践引导的主体，直接影响着劳动教育的质量和效果。本书将探讨师资队伍在高校劳动教育中的关键作用，包括对学生的影响、教学方法的创新、职业导向的培养等方面。

（一）师资队伍对学生的影响

1. 榜样力量

师资队伍是学生在高校期间直接接触的导师和引导者。优秀的教师不仅在学科专业上有深厚的造诣，更能以榜样的力量影响学生。通过身教和言传并重，教师能够激发学生对劳动教育的兴趣，塑造积极向上的学风和职业态度。

2. 专业知识的传授

劳动教育需要涉及多个领域的知识和技能，而师资队伍是这些知识的主要传递者。教师通过系统的课程设置、实践案例分享等方式，向学生传授专业知识，帮助他们建立起对实际工作的理解和把握。

3. 职业规划与指导

师资队伍在学生职业规划和发展方面发挥着重要作用。通过与学生的密切互动，教师能够了解学生的兴趣、优势和发展方向，提供个性化的职业指导，帮助他们更好地规划未来的职业道路。

（二）教学方法的创新

1. 实践导向的教学

高校劳动教育的核心目标之一是培养学生的实际动手能力。优秀的师资队伍应当通过实践导向的教学方法，将理论知识与实际操作相结合，让学生在真实的劳动场景中学到知

识，提高实际应用能力。

2. 项目驱动的教学

项目驱动的教学方法能够激发学生的学习兴趣和动力。师资队伍可以通过设计和组织实际项目，让学生在团队中解决实际问题，培养他们的合作精神和解决问题的能力。

3. 创新创业教育

在当今社会，创新创业的精神越来越受到重视。师资队伍应当通过创新创业教育，激发学生的创新潜能，培养他们的创业意识和创业能力，使其更好地适应社会的发展需求。

（三）职业导向的培养

1. 行业经验的分享

师资队伍中拥有丰富行业经验的教师能够为学生提供实际的行业情况和发展趋势。通过分享自身的职业经历和见解，帮助学生更好地了解所学专业的实际应用，增强其对未来职业发展的信心。

2. 实习和实训安排

师资队伍负责与相关企业和机构合作，安排学生进行实习和实训。这种实践性的教学安排能够让学生更深入地了解特定行业的工作环境和实际操作流程，为他们未来的就业提供有力支持。

3. 就业指导和服务

师资队伍在学生毕业后仍然扮演着重要角色。通过建立健全的校企合作机制，教师可以为学生提供就业指导和服务，推荐优质的用人单位，帮助学生顺利融入职业生涯。

（四）教学研究和学科建设

1. 科研成果的应用

师资队伍的科研成果对劳动教育的教学质量提升具有重要意义。教师通过将科研成果应用到实际教学中，能够使课程内容更加前沿和实用，为学生提供更具挑战性和发展性的学习体验。

2. 学科交叉的融合

劳动教育往往需要涉及多个学科领域，师资队伍应当具备跨学科的教学能力。教师可以通过学科交叉的融合，构建更为完整和系统的劳动教育体系，提高学生的综合素质和跨学科应用能力。

3. 教学方法的改进

师资队伍在劳动教育中的关键作用还体现在不断改进教学方法上。通过参与教学研究，教师能够及时了解和应用教育技术的最新发展，灵活运用先进的教学手段，使课程更具吸引力和互动性。

4.师德师风的塑造

师资队伍的师德师风对学生的影响至关重要。教师应该成为学生的良师益友，引导他们树立正确的职业道德观和职业操守，培养学生的责任心和社会责任感。

（五）师资队伍的培养与发展

1.教师培训与提升

为了适应快速变化的社会需求，师资队伍需要不断接受培训，提高自身的教学水平和职业素养。高校应当建立完善的教师培训机制，使教师能够了解最新的教育理念、教学方法和行业动态。

2.专业背景与综合素质并重

师资队伍应该具备较强的专业背景，同时也需要具备广泛的综合素质。除了扎实的学科知识，教师还应该具备较强的沟通能力、团队协作能力和创新意识，以更好地适应高校劳动教育的发展需求。

3.团队协作与合作

劳动教育通常涉及多个学科领域，需要形成一个协同合作的团队。师资队伍的团队协作能力直接影响到劳动教育的整体质量。高校应当鼓励教师之间的团队协作，共同探讨教学改革和创新。

（六）师资队伍的挑战与应对策略

1.学科交叉与知识更新

学科交叉的劳动教育要求师资队伍具备跨学科的知识储备，而这对一些传统学科专业的教师提出了新的挑战。高校可以通过学科融合培养计划、跨学科研究项目等方式，推动师资队伍的学科交叉与知识更新。

2.教育技术应用与数字化转型

随着教育技术的发展，师资队伍需要不断适应数字化转型的需求。教师应该具备运用新技术进行教学的能力，高校可以通过提供相关培训、建设数字化教学平台等方式，支持师资队伍的技术应用与发展。

3.实践经验与理论研究的平衡

一些师资队伍成员可能更加注重实践经验，而忽略了理论研究的重要性，或者相反。高校应当鼓励师资队伍在实践和理论研究上取得平衡，通过参与实际项目和开展科研，提高教师的实践水平和学科研究能力。

4.学术背景与职业导向的结合

师资队伍中既有具备较强学术背景的研究型教师，也有来自实际职业领域的专业人士。高校应当鼓励学术研究和实际经验的结合，以提供更全面的劳动教育。

师资队伍作为高校劳动教育的关键力量，在学生的职业素养培养、教学方法的创新、学科交叉融合、职业导向的培养等方面发挥着重要作用。面对未来的挑战，高校应当通过提供系统的培训机制、鼓励师资队伍的跨学科协作、推动数字化转型等手段，不断提升师资队伍的整体水平，以更好地服务于高校劳动教育的发展和学生的职业发展。师资队伍的积极投入和不断创新将推动高校劳动教育迈上新的台阶，更好地适应社会的发展需求。

二、师资队伍的素质要求与期望

师资队伍是高校教育事业的中坚力量，对于实现高质量的教学和学生培养至关重要。在高校劳动教育领域，教师的素质直接关系到学生的职业素养培养、实践能力的提升以及课程的创新发展。本节将从学科专业素养、教学能力、职业经验、创新精神等方面探讨师资队伍的素质要求与期望。

（一）学科专业素养

1.深厚的专业知识

在劳动教育领域，教师首先需要具备深厚的专业知识。这不仅包括对相关学科的系统掌握，还需要了解行业的最新动态、前沿技术和实际应用。只有具备足够的专业素养，教师才能更好地传授知识，指导学生理论联系实际。

2.跨学科能力

劳动教育常常涉及多个学科领域，要求教师具备跨学科的能力。师资队伍中的教师应当能够在多学科的交叉领域进行教学和研究，促使学科间的有机融合，为学生提供更全面的培养。

3.不断学习和更新的意识

技术和知识在不断更新和演进，因此教师需要保持不断学习的意识。教师应具备自主学习的能力，关注行业发展趋势，参与学术研究，将最新的理论和实践成果融入教学，以确保教学内容的前瞻性和实用性。

（二）教学能力

1.教学方法的创新

教育需要与时俱进，因此教师应当具备教学方法的创新意识，能够灵活运用多种教学手段，结合现代教育技术，设计富有启发性和互动性的课程，激发学生的学习兴趣，提高课程的吸引力和实效性。

2. 实践导向的教学

劳动教育着重培养学生的实际动手能力，因此教师的教学应当更加注重实践导向。通过组织实际项目、实习、实训等形式，将理论知识与实际操作相结合，让学生在真实的场景中应用所学。

3. 学生个性化教育

学生个体差异较大，因此教师需要关注每个学生的个性差异，实施个性化的教育。了解学生的兴趣、优势和特长，根据不同学生的需求调整教学方法，使每个学生都能够充分发展潜力。

（三）职业经验

1. 丰富的行业经验

拥有丰富的行业经验是劳动教育教师的一项重要素质。行业经验能够使教师更好地了解行业的实际运作情况，将理论知识与实际应用相结合，为学生提供更为真实和有深度的教育。

2. 职业素养与操守

教师应当具备高度的职业素养和职业操守。通过自身的言行举止，树立良好的职业榜样，引导学生树立正确的职业价值观和道德观念。同时，教师需要教导学生如何在职场中正确行为，树立职业操守。

3. 与企业和行业的密切联系

为了更好地服务学生的职业发展，教师需要保持与企业和行业的密切联系。通过建立合作关系、参与企业项目、了解市场需求等方式，使教师对行业的了解更为深入，更能够为学生提供切实可行的职业建议。

（四）创新精神

1. 教育教学的创新

创新精神是师资队伍的一项重要素质。教育教学的创新包括课程设置、教学方法、教学手段等方方面面。具有创新精神的教师能够更好地引领学科的发展方向，推动整个劳动教育领域的进步。

2. 学科研究的创新

除了教学方面的创新，教师还应当在学科研究方面具备创新能力。通过参与科研项目、发表高水平论文、探索新的研究方向等方式，推动学科的不断发展，为学生提供更为前沿和深入的学科知识。

3. 教育管理的创新

教育管理的创新涉及课程管理、教学资源管理、学生管理等多个方面。教师应当具备管理创新的意识，通过引入新的管理理念、采用先进的教学管理工具，提高教育管理的效率和质量。

4. 与时俱进的职业发展观

劳动教育领域发展较快，教师需要保持与时俱进的职业发展观。教育行业的变革和发展趋势会对教师的角色和要求产生影响，具备与时俱进的职业发展观能够使教师更好地适应职业发展的需求。

（五）团队协作与合作

1. 良好的团队协作能力

在高校劳动教育中，往往需要形成跨学科的团队，教师之间需要协同合作。师资队伍的团队协作能力直接关系到教育教学的整体质量。能够积极参与团队协作、与同事共同探讨课程改革和教学创新是教师的重要素质。

2. 跨学科合作的实践

劳动教育往往需要涉及多个学科，要求师资队伍具备跨学科的合作精神。教师应当积极与其他学科的教师合作，共同设计课程、开展研究项目，形成多学科融合的教育体系。

3. 与企业和社会的合作

劳动教育需要紧密结合实际职业需求，因此与企业和社会的合作显得尤为重要。教师应当具备开展校企合作的能力，通过与企业合作项目、参与社会服务等方式，为学生提供更好的实习和实践机会。

（六）德才兼备的素养

1. 高尚的师德

作为教育者，教师应当具备高尚的师德。严守教育道德规范，以身作则，引导学生形成正确的价值观念，注重学生的全面发展，是教师应当具备的基本素养。

2. 优秀的人际沟通能力

良好的人际沟通能力对教师来说至关重要。教师需要与学生、同事、企业合作伙伴等多方面进行有效沟通，以促进教学活动的正常开展，构建融洽的校园氛围。

3. 高度的责任心

教师需要对学生的成长负起责任。教育事业关系到学生的未来，因此教师应当具备高度的责任心，积极关注学生的学业和职业发展，帮助学生克服困难，实现自己的人生目标。

（七）培养与发展

1.持续学习与提升

教育是一个不断发展的领域，师资队伍应当具备持续学习的能力。高校应当提供相应的培训机会，支持教师参与学术研讨会、行业研究等活动，提高其学科水平和教学水平。

2.专业发展与职称晋升

高校应当为师资队伍提供专业发展通道，建立完善的职称评审制度，鼓励教师积极参与学术研究和实践项目，推动其在教育领域的专业发展。

3.团队建设与交流

高校劳动教育师资队伍应当注重团队建设。建立定期的团队交流机制，促进教师之间的经验分享、教学互助，形成合力，共同推动劳动教育事业的发展。

高校劳动教育的师资队伍是整个教育体系中至关重要的一环。其素质直接关系到学生的职业素养培养、实践能力的提升以及课程的创新发展。为了适应快速变化的社会需求，师资队伍需要不断提升自身的学科素养、教学能力、职业经验和创新精神。同时，团队协作、德才兼备、个性化教育等方面也是师资队伍应关注的重要方面。面对未来的挑战，高校应通过提供系统的培训机制、促进团队协作、支持教师参与实际项目等手段，助力师资队伍不断提升教学水平，更好地服务于高校劳动教育的发展和学生的职业发展。师资队伍教学水平的不断提升将推动高校劳动教育事业不断发展，更好地适应社会的发展需求。

第二节　师资队伍的结构与发展

一、高校劳动教育师资队伍的现状概述

高校劳动教育作为培养学生实际操作能力和职业素养的重要领域，其师资队伍的素质和水平直接影响着教学质量和学生的综合素养。本节将对高校劳动教育师资队伍的现状进行概述，包括师资队伍的结构、素质水平、教学方法和面临的挑战等方面。

（一）师资队伍的结构

1.学科背景

高校劳动教育的学科背景涵盖了多个领域，包括工学、管理学、心理学等。师资队伍中的教师通常具备相关专业的硕士或博士学位，以及丰富的实际工作经验。在学科背景上，师资队伍呈现出多元化和跨学科的特点，以更好地满足劳动教育的综合需求。

2.职业经验

劳动教育要求教师具备丰富的职业经验，能够将理论知识与实际操作相结合。因此，师资队伍中包括来自不同行业的专业人士，他们可能曾在企业、工厂或其他实际工作场所担任过职务，积累了丰富的实践经验。

3.学术背景与科研能力

一流的高校劳动教育师资队伍通常具备较高的学术背景和科研水平。这些教师在相关领域发表过学术论文，参与过科研项目，能够将最新的学术成果融入教学中，推动学科的发展。

（二）素质水平与教学能力

1.素质水平的提升

随着社会的发展和高校教育的不断完善，劳动教育师资队伍的素质水平得到了提升。教师通过进修学习、参与培训、开展科研等方式不断提高自身的综合素质，以更好地适应新时代教育的需求。

2.教学能力的突显

劳动教育的独特性要求教师具备突出的教学能力。师资队伍中的教师通过创新教学方法、引入先进的教育技术，使课程更具吸引力和实用性。他们注重培养学生的实际操作能力，通过实践性教学方法提升学生的职业素养。

3.学科交叉与融合

劳动教育通常涉及多个学科领域，要求教师具备学科交叉的能力。高校劳动教育师资队伍的现状表现出一定的学科融合趋势，教师之间更加注重跨学科的合作，共同探索劳动教育的多维度发展。

（三）教学方法与创新

1.创新教学手段

为提高学生的实际动手能力，劳动教育师资队伍在教学中采用了更多创新的教学手段。例如，通过模拟实训、项目实践、企业实习等方式，使学生在真实的工作场景中学习和实践。

2.教育技术的运用

随着信息技术的发展，师资队伍逐渐运用教育技术提升教学效果。虚拟实验、在线模拟操作等技术手段被广泛引入，使学生能够在虚拟环境中进行实践，增强学习的实用性和趣味性。

3.学科创新和课程设计

为适应社会需求的变化，师资队伍应不断进行学科创新和课程设计。结合行业需求和最新研究成果，设计具有前瞻性和实用性的课程，以更好地培养学生的职业能力。

（四）面临的挑战

1. 学科交叉的挑战

学科交叉带来的挑战在于，一些传统学科的教师可能需要跨足其他领域，这要求他们具备更广泛的知识和能力。因此，学科交叉需要师资队伍的积极适应和学科整合。

2. 教育技术的发展压力

虽然教育技术的发展为教学提供了新的可能性，但也带来了一定的发展压力。教师需要不断学习新的技术，掌握在线教育平台和虚拟实验工具的使用，这对一些传统教育背景的教师提出了新的挑战。因此，师资队伍需要进行相关培训，提高其运用教育技术的水平，以更好地适应数字化教育的发展趋势。

3. 校企合作的深化

高校劳动教育的师资队伍需要与企业保持密切的联系，以确保教学内容与实际职业需求紧密结合。然而，校企合作也面临一些挑战，包括双方合作机制的不够灵活、信息传递的滞后等问题。师资队伍需要更加主动地参与校企合作，促使合作更加顺畅。

4. 个性化教育的实现

学生个体差异的存在使得个性化教育成为趋势，但这也带来了教师个体化服务的难题。师资队伍需要更深入地了解学生的需求，开展差异化教学，同时避免因个性化教育造成教学资源分配不均等问题。

5. 跨学科合作的推进

为了更好地适应高校劳动教育的需求，师资队伍需要加强跨学科合作。然而，不同学科领域的差异性和沟通障碍可能成为推进跨学科合作的难点。高校应该建立相应的激励机制，鼓励教师之间的合作，促进学科的融合。

（五）发展趋势与对策

1. 强化师资培训

为了更好地适应高校劳动教育的现代化需求，高校应当加强师资队伍的培训，包括但不限于教育技术应用、实践操作指导、行业最新动态等方面的培训，以提升教师的综合素养，更好地满足教学任务。

2. 支持教师参与实际项目

为了保持教师在职业经验方面的优势，高校可以支持教师积极参与实际项目。这既能够为学生提供更实际的学习机会，也能够让教师深入了解行业的最新发展，促使理论与实践更好地结合。

3. 建立跨学科研究团队

高校应当鼓励师资队伍之间的跨学科合作，建立跨学科研究团队。通过建设团队，可以更好地整合各学科的优势资源，共同探讨劳动教育领域的前沿问题，推动学科的交叉与融合。

4. 制定灵活的校企合作机制

校企合作是劳动教育中不可或缺的一部分。高校应当制定灵活的校企合作机制，促使双方更加顺畅地合作。建立信息共享平台、定期召开合作会议等方式，加强双方的沟通，确保校企合作的深化。

5. 推动教育技术应用

随着教育技术的不断发展，高校劳动教育师资队伍需要更积极地推动教育技术的应用。学校可以设立专门的技术支持团队，为教师提供相关培训和技术支持，帮助他们更好地运用现代技术手段进行教学。

高校劳动教育师资队伍的现状呈现出多元化和专业化的趋势。在学科背景、职业经验、学术水平等方面都有一定的优势。然而，面对学科交叉、教育技术的快速发展、个性化教育的需求等新挑战，师资队伍仍需不断提升自身素质，不断适应新时代的教育需求。通过加强培训、推动校企合作、引入新技术等手段，高校劳动教育师资队伍可以更好地适应未来发展的趋势，为培养更具实际操作能力和职业素养的学生做出更大贡献。

二、师资队伍的结构优化与调整

高校师资队伍的结构对教育质量和学科发展至关重要。随着社会的不断发展和教育需求的变化，师资队伍的结构也需要不断优化和调整，以适应新时代的要求。本节将探讨高校师资队伍结构的优化与调整，包括从学科结构、职业经验、学术背景等多个维度进行的调整，以促进教育质量的提升和学科的创新发展。

（一）学科结构的优化

1. 多学科融合

在当今社会，跨学科的需求日益增长。为了更好地培养学生跨学科的综合能力，高校应当在师资队伍的学科结构上进行优化，引入更多相关学科的教师，形成多学科融合的团队。例如，工学、管理学、心理学等学科的教师可以共同参与劳动教育的课程设计和教学实践，提供更全面的教育服务。

2. 新兴学科的引入

随着科技和社会的发展，一些新兴学科如人工智能、大数据分析等逐渐成为劳动教育的重要组成部分。为了保持教育内容的前瞻性，高校应当积极引入具有相关背景和经验的教师，以拓宽学科边界，为学生提供更具创新性的教育。

3. 学科结构动态调整

学科的发展和需求是动态变化的，因此高校师资队伍的学科结构也需要进行动态调整。定期进行学科结构评估，根据社会需求和学科发展趋势，灵活调整师资队伍的学科结构，确保教学内容与实际需求相匹配。

（二）职业经验的充实

1. 行业专业人士的引入

为了更好地培养学生的实际操作能力，高校应当引入更多来自行业的专业人士。这些教师具有丰富的职业经验，能够将实际工作中的问题和挑战融入教学中，使学生更好地理解职业领域的实际情况。

2. 企业实践导师的配备

建立校企合作模式，邀请企业实践导师进入高校，参与教学和实践指导。企业实践导师可以为学生提供真实的工作场景和案例，使学生更好地理解企业运作和职业发展路径。

3. 校内实习制度的建立

在高校内部建立完善的实习制度，鼓励教师定期参与实际工作。通过校内实习，教师能够及时了解行业动态，更新教学内容，提高教学的实用性。

（三）学术背景与科研能力的提升

1. 学术背景的多元化

学术背景的多元化有助于提升师资队伍的整体水平。除了传统的硕士和博士学位，高校还可以考虑引入具有行业认可的职业资格，如工程师、技师等。这样的教师既具备实际经验，又有较高的专业素养。

2. 科研项目的支持

为了激发教师的科研热情，高校应当提供更多的科研支持。高校应鼓励教师参与国家级和企业合作的科研项目，提高他们在学科领域的影响力和竞争力，为学科创新提供更多动力。

3. 科研成果的应用

将科研成果更好地应用到教学中，可以提高师资队伍的整体水平。高校可以设立相关奖励机制，鼓励教师将科研成果转化为实际的教学内容，推动学科的实际应用和发展。

（四）教学方法与创新

1. 创新教学手段的培训

为了适应不断变化的教育环境，高校应当加强教师创新教学手段的培训。通过举办教育教学法的培训班、邀请专业培训机构进行培训，提高教师运用新的教学手段的能力。

2. 教育技术的运用

推动教育技术在课堂教学中的广泛应用，提高教师运用教育技术的水平。高校可以建立教育技术支持团队，为教师提供相关的培训和技术支持，使其更加熟练地运用虚拟实验、在线模拟操作等技术手段，提升课程的实用性和吸引力。

3. 实践性教学的强化

加强实践性教学，通过模拟实训、项目实践、实地考察等方式，使学生能够在真实的工作场景中学习和实践。教师需要不断创新教学方法，设计更贴近实际的教育活动，提高学生的职业素养和实际操作能力。

4. 学科创新与课程设计

为促进学科的创新发展，高校师资队伍需要加强学科创新和课程设计。教师可以定期进行学科研讨，开展跨学科合作，引入最新的理论和技术，设计具有前瞻性和实用性的课程，以满足不断变化的社会需求。

高校师资队伍的结构优化与调整是适应新时代教育需求的迫切要求。通过优化学科结构、充实职业经验、提升学术背景和科研能力，以及创新教学方法，可以更好地适应社会发展的需要，为学生成长提供更为丰富和实用的教育经验。

在面对各种挑战的同时，高校需要制定相应的对策，包括建立灵活的课程体系、强化教育技术应用、加强跨学科合作、提供更多实践教学资源等。通过不断的努力和改进，高校师资队伍能够更好地发挥其在培养学生中的关键作用，推动高校教育向更高水平发展。师资队伍的结构优化与调整是教育现代化的必由之路，也是高校为培养更优秀人才而持续努力的方向。

三、师资队伍的发展策略与规划

高校师资队伍是推动教育事业发展的关键力量，其素质和水平直接关系到培养出的学生质量和学科创新。面对新时代的教育变革和发展需求，高校师资队伍需要制订科学的发展策略和规划，以适应社会的变革和提升教育质量。本节将探讨高校师资队伍的发展策略与规划，包括学科结构的优化、教学方法的创新、师资培训与发展等方面的内容。

（一）学科结构的优化

1. 多学科融合

为适应跨学科需求，学科结构的优化应注重多学科融合。建立跨学科研究团队，推动不同学科之间的合作，促进知识的交流与融合。引进具有跨学科背景的优秀人才，培养教师团队具备综合素养。

2. 新兴学科的引入

面对社会科技的迅猛发展，需要不断引入新兴学科。设立相关岗位，吸引具有前沿科研经验的教师加入，拓宽学科范围，确保教学内容与科技发展同步。

3. 学科结构的灵活动态调整

建立学科结构动态调整机制，定期进行学科结构评估，根据社会需求和学科发展趋势，灵活调整学科设置，确保教学内容与实际需求相适应。

（二）教学方法与创新

1. 创新教学手段的培训

为提高教师的创新教学水平，制订创新教学手段培训计划。组织专业培训，邀请教育专家进行指导，帮助教师更好地掌握先进的教学方法，包括虚拟实验、在线互动等。

2. 教育技术的广泛应用

建设教育技术支持团队，为教师提供相关培训和技术支持，推动教育技术在教学中的广泛应用。鼓励教师运用新技术手段，设计更富有创意和趣味性的教学内容，提高学生的学习积极性。

3. 实践性教学的深化

加强实践性教学，通过模拟实训、项目实践等方式，促使学生在真实场景中学习。教师应鼓励学生主动参与实践，培养学生实际操作和解决问题的能力。

4. 学科创新与课程设计

建立学科创新基地，鼓励教师开展跨学科合作，推动课程创新。设立学科发展基金，支持教师进行前沿课题研究，将最新研究成果融入教学中，提高课程的前瞻性。

（三）师资培训与发展

1. 建立完善的培训机制

制订全面的师资培训计划，涵盖教学方法、科研能力、职业发展规划等方面。建立完善的培训机制，包括集中培训、个性化培训和在线培训等形式，确保教师具备全面的教育素养。

2. 鼓励终身学习

营造鼓励终身学习的文化氛围，推动教师持续提升自身能力。设立奖励机制，对参与各类培训、取得教育学位、发表高水平科研论文等的教师给予表彰和奖励。

3. 产学研结合的培训项目

加强与企业和科研机构的合作，开展产学研结合的培训项目。通过参与实际项目，教师能更好地了解实际需求，将实践经验运用于教学中，提高教学的实用性。

（四）团队建设与合作

1. 建立协作机制

制定协作机制，鼓励教师之间互相学习、合作。建立教学团队，由具有不同专业背景和教学经验的教师组成，促进资源共享和协同发展。

2. 跨学科研究团队

建设跨学科研究团队，推动不同学科的教师共同开展研究。设立跨学科研究项目基金，激励教师开展具有创新性和实际应用价值的跨学科研究，推动学科交叉融合，提高团队整体创新水平。

3. 校企合作平台

建立校企合作平台，促进校企之间更加紧密的合作关系。通过与企业的深度合作，教师能够更好地了解产业发展趋势，将实际工作需求融入教学内容中，为学生提供更贴近实际的职业培训。

4. 师德建设与团队凝聚

加强师德建设，弘扬敬业、守信、创新、奉献的教育精神。通过组织教师座谈、心理健康辅导等活动，提高教师对教育事业的责任感和归属感，增强团队凝聚力。

高校师资队伍的发展策略与规划是高校整体发展的重要组成部分。通过学科结构的优化、教学方法的创新、师资培训与发展、团队建设与合作等多方面的努力，高校可以更好地适应社会发展的需要，提升教育质量和师资队伍的整体水平。

第三节　师资培训与专业发展

一、师资培训的必要性与重要性

教育是社会进步和个体成长的重要组成部分，而教育的质量直接关系到国家的未来和人才的培养。在教育体系中，教师是至关重要的一环，他们的专业水平和教育理念直接影响着学生的学业成绩和综合素养。为了提升教育质量、保障学生全面发展，教师的专业素养和教学水平的提升变得尤为重要。师资培训作为一种提高教师综合素质的手段，具有不可忽视的必要性与重要性。

（一）适应时代需求

随着社会的不断发展和科技的日新月异，教育面临着新的挑战和变革。教育的目标不再仅仅是传授知识，更注重培养学生的创新能力、团队协作能力以及跨学科的综合素养。为了适应这一时代的需求，教师需要不断提升自己的专业水平，学习新的教学理念和方法。师资培训通过引入新的教育理念、教学方法和教育技术，帮助教师更好地适应时代的要求，更好地完成教育使命。

（二）提升教学水平

教学水平的提升是师资培训的核心目标之一。通过系统的培训，教师可以深入了解教育学、心理学等相关领域的最新研究成果，获取更多的教育资源和教材，了解国内外先进的教学经验和成功案例。这些知识和信息的更新可以帮助教师更好地理解学科知识的本质，更灵活地运用各种教学手段，提高教学效果。此外，师资培训还可以帮助教师更好地了解学生的需求和特点，提高个性化教学的水平，使每个学生都能得到更好的教育。

（三）促进专业发展

教师作为从业者，需要保持对自身专业的不断追求和发展。师资培训提供了一个系统、有组织的学习平台，使教师能够在专业领域中保持持续的学习和进步。通过参与培训，教师可以了解最新的教育政策和法规，掌握最新的教育理念和教学方法，提高教育管理和组织能力。这有助于构建一个更为专业、高效的教育团队，共同推动学校和教育事业的发展。

（四）提高教育质量

师资培训直接关系到教育质量的提升。一个拥有高水平师资队伍的学校，往往能够提供更为优质的教育资源和服务。通过培训，教师能够更好地应对学科知识的更新、教学方法的改进、学生需求的变化等挑战，从而更好地完成教育任务。高质量的教育资源和服务不仅可以提高学生的学科水平，还有助于培养学生的创新能力、实践能力和团队协作能力，使学生更好地适应未来社会的发展需要。

（五）建设学习型组织

学校作为一个组织体系，要想保持活力和创新，就需要建设学习型组织。而师资培训正是学校建设学习型组织的一项基础工程。通过不断地学习和培训，教师能够保持对新知识的敏感性，不断创新教育方法，促进学校组织的发展。学校要想成为学习型组织，就需要注重师资队伍的建设，通过培训机制和文化氛围的构建，使教师保持学习的习惯，形成共同学习、共同进步的文化氛围。

（六）提高教师的职业满意度

教育是一项需要具备高度责任感和使命感的工作，而教师作为教育的主体，其职业满意度直接关系到教学质量和学校的发展。师资培训不仅提高了教师的专业水平，也增强了他们的职业信心和满意度。通过培训，教师能够更好地应对各种教学挑战，取得更好的教学效果，获得学生和家长的认可和尊重，从而增强职业的成就感和满足感。

（七）促进教育公平

教育公平是教育事业的根本目标之一。通过师资培训，可以有效地促进教育公平的实现。首先，师资培训可以帮助教师更好地认识到学生群体的多样性，理解不同学生的学习需求和特点。这有助于教师采取更具差异化的教学策略，更好地满足不同学生的学习需求，减少因个体差异导致的教育不平等现象。

其次，通过培训，教师可以学习到更加公平和包容的教育理念，关注弱势群体的特殊需求，提供更多的支持和关爱。这样的培训有助于打破教育中的不平等现象，让每个学生都能够享受到公平的教育机会。

最后，师资培训还可以促进教育资源的均衡分配。通过培训，教师可以更好地了解教育资源的利用和配置方式，使得教育资源更加合理地分布在各个学校和地区，减小不同地区之间的教育质量差距，实现资源的公平共享。

（八）推动教育改革与创新

师资培训是教育改革的有力支撑。在社会发展不断变化的大背景下，教育也需要不断更新和改革。师资培训为教师提供了学习新知识、获取新理念的平台，帮助他们更好地适应教育改革的需要。培训不仅能够使教师更好地理解和应对新的教育政策，还能够激发他们在教学实践中进行创新尝试，推动教育方法和手段的更新与优化。

（九）逐步建立健全的教育体系

师资培训是建立健全教育体系的基石。一个完备的教育体系需要有一支高素质的师资队伍，他们具备先进的教育理念、丰富的教学经验和良好的教育素养。通过师资培训，教育系统能够逐步建立起一支适应时代需求、具备创新能力的师资队伍，从而更好地服务于学生的全面发展。

师资培训的必要性与重要性在当前社会发展和教育进程中表露无遗。通过培训，教师能够不断提升自己的专业水平，适应时代的需求，提高教学水平，促进专业发展，提高教育质量，建设学习型组织，提高教师的职业满意度，促进教育公平，推动教育改革与创新，逐步建立健全的教育体系。这些方面的努力不仅有助于提高学生的学业水平，也有助于培养学生的综合素养，促进社会的进步与发展。因此，各级教育部门和学校应该高度重视师资培训，建立健全培训机制，为教师提供更多更好的学习机会，共同推动教育事业的蓬勃发展。

二、高校劳动教育师资培训体系建设

高校劳动教育是培养学生综合素质、提高就业能力、促进社会发展的重要环节。而高校劳动教育的质量和效果直接关系到毕业生的就业竞争力以及国家和社会的可持续发展。在这一背景下，建设一套完善的师资培训体系，提高劳动教育师资队伍的专业水平和教学质量，显得尤为重要。本节将探讨高校劳动教育师资培训体系的建设，包括体系的构建、培训内容、培训方法等方面。

（一）师资培训体系的构建

1.建立科学的师资需求评估机制

在构建高校劳动教育师资培训体系之前，首先需要建立科学的师资需求评估机制。通过对当前高校劳动教育师资队伍的实际情况进行调研和评估，了解教师的专业水平、教学经验、培训需求等方面的信息，为后续的培训内容和形式提供有针对性的指导。这一评估机制包括定期的教学质量评估、教师培训需求调查等。

2.设计多层次、多领域的培训课程体系

师资培训体系应当是一个多层次、多领域的结构，以适应不同层次和需求的教师。例如，可以设置基础培训、提升培训、专业领域培训等不同层次的课程。在培训内容上，除了围绕劳动教育的理论和实践进行，还应包括教育心理学、现代教育技术、创新教学方法等多个领域的内容，以提升教师的多方面素养。

3.引入外部专业力量

高校可以考虑引入外部专业力量，如企业培训机构、行业专家等，作为师资培训的师资来源。这样的做法有助于丰富培训内容，提供实践经验，使培训更加贴近实际工作需求。同时，还可以通过外部专业力量的参与，搭建高校与企业、社会的交流平台，促进校企合作。

4.建立培训成果评估体系

为了确保师资培训的效果，需要建立相应的培训成果评估体系。通过对学员的学习成绩、教学反馈、实际教学效果等多个维度进行评估，及时发现问题、改进培训方案，确保培训的针对性和实效性。此外，还可以建立教师继续教育学分制度，将培训成果与教师的职称晋升、评优评先挂钩，激励教师参与培训。

（二）培训内容设计

1.劳动教育理论与实践

培训内容的核心应当包括劳动教育的基本理论和实践经验。教师需要深入了解劳动教育的发展历程、理念、目标和方法，掌握现代劳动教育的新思想、新理念，以及国内外相

关领域的研究动态。此外，劳动教育实践课程也是培训内容中不可或缺的一部分，教师需要通过实践了解工作场景、职业技能培养等方面的实际情况。

2. 教育心理学

了解学生的心理特点对高校劳动教育至关重要。培训内容中应包括教育心理学的基本理论，使教师能够更好地理解学生的学习需求、心理障碍等方面的问题，并在实践中灵活运用相关知识，更好地指导学生的学习和职业规划。

3. 现代教育技术与工具

随着信息技术的不断发展，现代教育技术在高校劳动教育中的应用也越来越重要。师资培训内容中应当涵盖教育技术的基础知识，培训教师使用各种教育工具、平台和软件，提高在线教学、远程教育的能力，以适应多样化的教学需求。

4. 创新教学方法

劳动教育需要创新的教学方法，培训内容应当涵盖各种创新教学方法的介绍与实践。例如，项目式教学、问题导向教学、合作学习等，这些方法有助于激发学生的学习兴趣，培养团队协作和问题解决能力。教师通过培训学习这些创新教学方法，能够更灵活地组织教学活动，提高课堂效果。

5. 职业发展规划

培训内容中还应包括职业发展规划方面的知识。教师需要了解不同行业的职业发展趋势，熟悉各类职业的要求，以更好地引导学生进行职业规划。培训内容可以涵盖职业咨询、择业心理学、职业生涯规划等方面的知识，帮助教师更好地指导学生进行职业选择。

6. 多元文化教育

在当今社会，多元文化教育成为一个重要的教育方向。高校劳动教育师资培训体系应当包括多元文化教育的内容，使教师能够更好地理解和尊重不同文化背景的学生，提高跨文化沟通和合作的能力。这有助于培养学生的国际视野和全球竞争力。

7. 安全教育与法规法律知识

劳动教育涉及学生在工作中的安全问题，因此培训内容中需要包括安全教育方面的知识。教师需要了解不同工作场所的安全规定和操作规程，培养学生的安全意识和应急处理能力。同时，培训内容还应涉及相关法规法律知识，使教师能够更好地引导学生在职场中守法经营。

（三）培训方法选择

1. 线上培训与线下培训相结合

为了更好地满足教师的培训需求，培训方法应采取线上培训与线下培训相结合的方式。线上培训可以通过网络平台进行，灵活方便，让教师可以根据自己的时间和地点进行学习，而线下培训则可以提供更切身的教学体验，有助于教师进行实践操作和交流互动。通过两者结合，可以更全面地覆盖培训内容，满足不同教师的学习需求。

2. 启动反馈机制，及时调整培训方向

在培训过程中，应建立起有效的反馈机制。教师可以通过课后问卷、讨论会等方式提出培训的建议和反馈，以及时了解培训的效果和问题。培训机构或学校可根据反馈情况进行调整，对培训方案、内容和形式进行改进，确保培训的质量和实效。

3. 建立社群平台，促进教师交流

为了促进教师之间的交流与合作，可以建立专门的社群平台。这样的平台包括线上和线下的交流方式，如在线讨论区、专业研讨会、座谈会等。通过这样的社群平台，教师可以分享自己的教学经验、成功案例，互相学习、互相启发，形成一个良好的学习氛围。

4. 提供实践机会，促进教师能力提升

培训不仅应该注重理论知识的传授，还应该提供实践机会，促进教师能力的实际提升。可以组织实地考察、企业实习、职业技能培训等实践活动，使教师能够深入了解工作场所的实际情况，增强实操能力，更好地指导学生的实际工作。

5. 鼓励自主学习，激发教师的学习动力

除了组织集中培训外，还应该鼓励教师进行自主学习。提供丰富的学习资源，如学术论文、专业书籍、在线课程等，鼓励教师参与学术研究和专业交流。这样的自主学习能够更好地满足教师个性化的学习需求，激发其学习动力。

高校劳动教育师资培训体系的建设对于提高教师的专业水平、推动劳动教育的发展至关重要。通过构建科学合理的培训体系、设计丰富多样的培训内容、选择灵活多样的培训方法，能够更好地满足教师的学习需求，提高其教学质量，促进学生的全面发展。同时，培训体系的建设还需要注重实践操作，通过实地考察、企业实习等方式，加强教师的实际操作能力，使其更好地理解和应用劳动教育理论。总体而言，高校劳动教育师资培训体系的建设应当是一个全面、系统、可持续的过程。

第四节　优秀师范与教育实践

一、优秀师范的培育与选拔机制

教师是教育事业中的中坚力量，而师范生作为未来教育工作者的重要群体，其培育与选拔机制直接关系到教育质量和教学水平的提升。在当前社会对教育质量不断提出更高要求的背景下，建设一套科学、合理、有效的师范生培育与选拔机制显得尤为重要。本节将探讨优秀师范生的培育与选拔机制，包括培育目标、培养环境、课程设置、实践锻炼、选拔标准等方面的内容。

（一）培育目标的明确

1.培养具有专业素养的教育专业人才

培育优秀师范生的首要目标是具备优秀的专业素养。师范生应当在教育理论、教育心理学、教学设计等方面具有坚实的基础知识，熟练掌握相应的学科知识，并能够将这些知识灵活运用于实际教学中。培育机制应当注重理论知识的深度和广度，使师范生能够面对多样化的教育需求。

2.培养具有创新精神和实践能力的教育者

除了专业素养，培育优秀师范生还应注重培养其创新精神和实践能力。现代社会对教育工作者提出了更高的要求，需要他们能够适应社会发展的变化，能够灵活运用各种教学方法和手段，具备解决问题的能力。因此，培养机制应当设计多元化的培训课程，注重实践环节，培养学生的实际操作和创新思维。

3.培养具有良好职业道德和社会责任感的教育者

教育工作者身负重任，除了专业素养和创新能力，还需要具备良好的职业道德和社会责任感。培养机制应当注重培养学生的责任心、团队协作精神，使他们成为有社会责任感、有爱心、有担当的教育者。这可以通过开设相关的职业道德与伦理课程、实施社会实践和志愿服务等方式来实现。

（二）培养环境的优化

1.建设高质量的师范生培训基地

为了提供良好的学习和实践环境，学校需要建设高质量的师范生培训基地。这些基地可以是教育实习基地、实验室、模拟教室等。在这些基地中，师范生能够接触到真实的教育场景，进行实际操作和模拟教学，提高他们的实践能力。

2.提供良好的学科和教育资源

学科和教育资源是培养优秀师范生的重要保障。学校需要提供丰富的图书馆、实验室、在线教学平台等资源，以满足师范生对知识和信息的需求。此外，还可以建立和企业、社会组织等的合作关系，为师范生提供更多的实践机会。

3.设计良好的学习氛围

学校应该营造积极向上的学习氛围，激发师范生的学习兴趣和动力。可以通过组织学术讲座、教育沙龙、学科竞赛等形式，拓宽师范生的学术视野，激发他们对教育事业的热情。同时，也需要建立导师制度，为师范生提供个性化的学术指导和职业规划。

4. 提供多元化的教育体验

为了培养师范生全面发展的能力，学校应当提供多元化的教育体验。可以通过组织实地考察、参与教育活动、参加学术研讨等方式，拓宽师范生的视野，培养其综合素养。

（三）课程设置的科学规划

1. 强化专业基础课程

专业基础课程是培养师范生专业素养的基础。学校应当加强对教育学、心理学、课程设计等相关专业基础课程的教育，确保师范生在专业知识方面具备坚实的基础。

2. 设置实践性课程

为了培养师范生的实践能力，课程设置应当充分考虑实践性元素。除了在校内设置的实践性课程，还可以通过安排实习、社会实践、参与教育项目等方式，让师范生更早地接触真实的教学场景，提高其实际操作水平。实践性课程的设计要贴近实际教育工作，引导师范生在实际操作中不断提升自己的教学能力。

3. 引入先进的教育理念和技术

教育领域的不断发展要求师范生能够了解并灵活运用先进的教育理念和技术。课程设置中应当引入包括现代教育技术、创新教学方法、教育大数据分析等内容，使师范生对教育领域的新理念和新技术有深入的了解，并能够在实际教学中灵活应用。

4. 强化实践教育与理论教育的结合

理论知识和实践能力的结合是培养师范生的重要途径。因此，课程设置中应强调实践教育与理论教育的有机结合。可以通过案例分析、实际教学操作、教学设计项目等方式，让师范生在理论学习的同时，能够更好地将知识运用到实际教学中。

（四）实践锻炼的有效组织

1. 设计系统的实习计划

实习是师范生培养的关键环节，学校应设计系统的实习计划，使师范生在教育实践中逐步积累经验。实习计划应该涵盖多个阶段，包括观摩、助教、独立教学等环节，确保师范生能够全面参与到实际教育工作中，逐步提高其教学水平。

2. 建立导师制度

导师制度是培养师范生的有效途径之一。通过为每位师范生配备一位经验丰富的导师，可以提供个性化的指导和支持，帮助师范生更好地适应实际工作环境。导师可以提供教学经验、职业规划建议、实际问题解决等方面的指导，使师范生在实践中更快速地成长。

3. 提供多样化的实践机会

为了让师范生在实践中接触到不同类型、不同水平的教育场景，学校应提供多样化的实践机会。可以通过与学校合作、参与社区服务、参与教育项目等方式，让师范生能够更全面地了解教育领域的多样性，提高其适应性和灵活性。

（五）选拔机制的科学设置

1. 制定科学的选拔标准

在选拔师范生时，学校应制定科学的选拔标准。除了学科成绩，还可以考虑综合素质、领导力、沟通能力等方面的因素。科学的选拔标准能够更全面地评估师范生的综合素养，确保选拔出适合从教的优秀人才。

2. 引入面试和教学演示环节

为了更全面地了解师范生的教育素质和潜力，选拔过程中可以引入面试和教学演示环节。面试可以考查师范生的沟通能力、团队协作精神等软实力，而教学演示则可以直观地观察其教学水平和实际操作能力。

3. 实施多轮筛选机制

为了确保选拔的公正性和准确性，可以设置多轮筛选机制。通过初试、复试、综合面试等环节，逐步淘汰不适合从教的申请者，最终选拔出具备专业素养和实践能力的优秀师范生。

4. 建立评估体系

建立评估体系是选拔机制的重要环节。通过设定各项评估指标，建立评估体系，可以更客观地评价师范生的各项素质。评估体系可以包括学科知识测试、教学设计评审、教学演示评价、面试表现评估等多个层面，确保选拔的全面性和科学性。

（六）建立支持体系

1. 提供奖学金和荣誉称号

为了激励优秀师范生，学校可以设立师范奖学金和荣誉称号。通过评选出表现突出的师范生，为其提供奖学金和荣誉称号，既可以鼓励他们继续努力，也可以激发其他师范生的学习积极性。

2. 搭建专业发展平台

学校可以搭建专业发展平台，为师范生提供更多的发展机会。这包括组织教学竞赛、学术研讨、参与教育项目等。通过这些平台，师范生不仅能够展示自己的才华，还可以与其他学生进行交流合作，提高综合素养。

3. 实施导师制度

为了更好地指导师范生的发展，学校可以实施导师制度。每位师范生可以被分配一位经验丰富的教育导师，通过定期的交流、指导，帮助师范生规划职业发展，解决学业和职业上的问题。这种制度不仅能够提供个性化的支持，还有助于师范生更好地融入教育领域。

4.提供职业发展指导

为了帮助师范生更好地进行职业规划，学校可以提供职业发展指导。这包括就业培训、职业规划讲座、就业信息发布等。通过这些活动，师范生能够更全面地了解就业市场，提升自己的就业竞争力。

（七）建立反馈机制

1.设立教学评价系统

为了及时了解师范生的教学效果和发展状况，学校可以设立教学评价系统。通过学生的评价、导师的反馈及实际教学成果，全面了解师范生的教学水平和教育贡献，为后续培养提供科学依据。

2.举办定期座谈会

学校可以定期组织座谈会，邀请师范生与教职工进行交流。通过座谈会，可以及时了解师范生的学习和实践情况，听取他们的建议和需求，为培养机制的不断完善提供参考。

3.收集校友反馈

校友是培养机制的重要参与者，他们的经验和反馈对机制的改进至关重要。学校可以通过定期与校友的交流、校友会等方式，收集校友对培养机制的看法和建议，为后续的优化提供有益信息。

（八）适应时代发展的调整机制

1.关注教育行业动态

为了保持培养机制的与时俱进性，学校应当密切关注教育行业的动态。了解国家政策、教育改革、教学技术等方面的发展，及时调整培养目标、课程设置、实践安排等，确保师范生培养机制与时代发展相适应。

2.引入前沿教育理念

教育理念不断演变，因此培养机制应当引入前沿的教育理念。可以通过邀请国内外专家举办讲座、组织专题研讨、建立国际合作等方式，引入最新的教育理念和方法，为师范生提供更丰富的学术资源。

3.建立教育科研平台

培养机制的调整还需要建立健全的教育科研平台。学校可以支持教育专业的科研项目，鼓励师范生参与科研活动，提高其教育科研水平。通过与科研项目的结合，可以使培养机制更具前瞻性和创新性。

优秀师范的培育与选拔机制是高校教育事业中的一项长期而复杂的工程。通过明确培育目标、优化培养环境、科学设置课程、有效组织实践锻炼、科学制定选拔标准等多方面的努力，可以建立起一个科学、全面、有机的培养机制。这样的机制不仅能够培养出具备专业素养、创新精神和实践能力的优秀师范生，也能够为教育事业的可持续发展提供有力支持。随着时代的发展和社会的需求不断变化，培养机制也需要不断调整和创新，以适应时代发展的要求。

二、教育实践中的师资经验分享

在教育实践中，师资力量是决定教学效果的关键因素之一。优秀的师资队伍不仅需要具备扎实的学科知识，还需要具备卓越的教学技能、良好的沟通能力和关爱学生的热情。通过多年的教育实践，教育者积累了丰富的经验，形成了一系列行之有效的教学方法和管理策略。本节将分享一些在教育实践中积累的师资经验，包括教学设计、学生关系管理、个性化教育等方面的内容。

（一）教学设计与备课

1.明确教学目标

在进行教学设计时，首先要明确教学目标。明确教学目标有助于教育者更好地组织教学内容，确保学生在学习过程中能够达到既定的学科和能力要求。教育者应该根据学科特点和学生水平，确定阶段性和整体性的教学目标，并将其贯穿于教学的始终。

2.设计多元化的教学活动

教学设计应当注重多元化，通过不同形式的教学活动激发学生的学习兴趣。除了传统的讲授、讨论，还可以引入案例分析、小组合作、实验探究等教学方法。多元化的设计有助于满足不同学生的学习需求，提高教学的吸引力和趣味性。

3.注重实践应用

将学科知识与实际应用相结合是教学设计的重要方向。通过设计与实际生活相关的案例、项目，可以帮助学生更好地理解和应用所学知识。实践应用性的教学设计有助于培养学生的实际操作能力和解决问题的能力。

4.灵活调整教学计划

在教育实践中，教学计划往往需要根据学生的实际情况进行灵活调整。教育者要善于观察学生的学习状态，根据实际情况调整教学进度、教学方法和教材选择，以确保教学的顺利进行。

（二）学生关系管理与心理关怀

1. 建立积极向上的教学氛围

学生关系管理是教育者需要面对的重要任务之一。建立积极向上的教学氛围对学生的学习积极性和教学效果至关重要。在教学中，教育者要注重激发学生的兴趣，鼓励他们提出问题和表达观点，通过鼓励和肯定，培养学生的自信心。

2. 了解学生的个性和需求

每个学生都是独特的个体，具有不同的学习风格、兴趣爱好和学科优势。教育者需要花时间了解每个学生的个性和需求，根据不同学生的特点进行差异化教学。通过了解学生，教育者可以更好地调整教学策略，使每个学生都能得到有效的指导。

3. 及时有效的反馈机制

建立及时有效的反馈机制有助于促进学生的学习和成长。教育者可以通过定期的小测、作业批改、面对面的反馈等方式，向学生提供及时的评价和建议。通过积极的反馈，学生可以更好地理解自己的学习状态，及时调整学习方法。

4. 关注学生心理健康

学生的心理健康对其学业和生活都至关重要。教育者应当关注学生的心理健康状况，及时发现并帮助解决问题。可以通过心理健康教育课程、定期座谈会、提供心理咨询等方式，关注学生的心理健康需求。

（三）个性化教育与差异化指导

1. 分层次教学

在面对不同水平的学生时，教育者可以采取分层次的教学策略。通过设置不同难度的教学内容，满足不同层次学生的学习需求。这种差异化的教学方式有助于激发学生的学习兴趣，提高教学的针对性和实效性。

2. 个性化学习计划

为了更好地满足学生个性化的学习需求，教育者可以制订个性化学习计划。通过了解学生的学科兴趣、学习方式、学科优势等方面的信息，制订个性化的学习计划，帮助学生更有针对性地提升自己。

3. 提供多样化的学习资源

为了支持个性化的教学，教育者可以提供多样化的学习资源。这包括数字化教材、在线学习平台、丰富的参考书籍等。学生可以根据自己的学科需求和学习风格选择适合自己的学习资源，提高学习效果。

4.激发学生自主学习兴趣

个性化教育不仅仅是教育者提供个性化的指导，还需要激发学生的自主学习兴趣。教育者可以通过鼓励学生自主提出学习目标、参与学科研究项目、组织小组学习等方式，培养学生的学科兴趣和学习动力。

（四）教学技能与方法

1.灵活运用互动教学法

互动教学法是一种有效的教学方式，可以促进师生之间的互动，激发学生的学习兴趣。教育者可以通过提问、讨论、小组活动等方式，增加课堂的互动性，使学生更积极地参与到教学中来。

2.注重教学反思与改进

教学是一个不断改进的过程，教育者需要不断进行教学反思。通过对每节课的教学效果、学生表现等方面进行反思，发现问题并及时进行调整。定期组织教学反思会，促使教育者在教学中不断成长和进步。

3.鼓励创新教学方法

创新是教学工作中的重要动力之一。教育者可以不断尝试新的教学方法和手段，以适应学生的学习需求和社会的发展。鼓励教育者参与教育创新项目、参加教学比赛等，激发创新意识和能力。

4.运用多媒体技术提升教学效果

随着科技的发展，多媒体技术已经成为教学的重要辅助手段。教育者可以运用多媒体技术设计丰富的教学资源，如教学视频、PPT、在线互动等，提升课堂的生动性和吸引力。

（五）专业发展与团队协作

1.持续学习与专业进修

教育者应当保持对学科知识和教育理论的持续学习，通过参加专业培训、学术研讨会、阅读教育学术论文等方式，不断更新自己的知识体系，提高专业素养。同时，也应鼓励团队成员进行专业进修。

2.建立教研团队与合作网络

建立教研团队有助于教育者之间的交流与合作。通过定期的教研活动、共同参与教育研究项目、建立合作网络等方式，可以促进团队成员的专业成长，共同推动教育事业的发展。

3.分享教学经验与资源

教育者应当乐于分享自己的教学经验和教学资源，可以通过教学沙龙、专业研讨会、教育博客等方式，与其他教育者分享成功的教学案例、创新的教学方法，共同提升整个教育团队的水平。

4. 营造良好的团队氛围

良好的团队氛围对教育者团队的协同工作和事业发展至关重要。教育者应当注重团队建设，营造积极向上的工作氛围。通过团队培训、集体活动、定期座谈等方式，增进团队成员之间的信任和合作关系。

（六）与家长沟通与合作

1. 建立积极的家校沟通机制

与家长的良好沟通是学生教育的重要保障。教育者应当建立积极的家校沟通机制，通过家长会、家访、线上平台等途径，及时向家长反馈学生的学习状况和表现，解答家长的疑虑和关切。

2. 倡导家庭教育与学校教育的融合

学校教育与家庭教育是相辅相成的。教育者可以通过倡导家庭教育与学校教育的融合，鼓励家长积极参与学生的学业规划、心理健康关怀等，共同为学生的全面发展努力。

3. 关注学生家庭背景与特殊需求

了解学生的家庭背景和特殊需求有助于更好地进行个性化教育。教育者应当在与家长沟通的过程中，主动了解学生的家庭情况、兴趣爱好以及可能存在的学习障碍。通过与家长的深入沟通，可以更全面地了解学生，为他们提供更精准的教育服务。

4. 及时回应家长关切与建议

教育者应当及时回应家长的关切和建议。在家长提出问题或意见时，要认真倾听并给予积极回应。通过建立良好的沟通渠道，可以增进学校与家庭之间的信任和合作，共同关心学生的成长。

（七）面对挑战与困境

1. 保持乐观与耐心

在教育实践中，教育者难免会面临各种挑战和困境。保持乐观的态度和足够的耐心是克服困难的重要心态。乐观的心态能够激发积极的工作情绪，耐心则有助于持续解决问题，推动教育事业的发展。

2. 灵活应对变化

教育领域处于不断变化和发展之中，教育者需要具备灵活的应变能力。面对新的教学理念、教育政策、技术工具等变化，教育者应当不断学习和适应，灵活调整教学策略，提升自己的适应力。

3.寻求同事与专业支持

在面对挑战时，教育者可以主动寻求同事和专业人士的支持。通过与同事交流分享经验、参与教研活动、向专业人士请教等方式，可以得到更多的建议和支持，共同应对教育实践中的各种问题。

4.定期职业规划与发展

定期进行职业规划与发展有助于教育者更好地应对挑战。教育者可以设立短期和长期的职业目标，制订相应的发展计划，不断提升自己的专业素养和职业竞争力。这样的规划有助于在职业发展中更有方向感和动力。

在教育实践中，师资力量的发展和成长是一个复杂而长期的过程。通过精心设计教学、与学生建立良好关系、灵活运用教学方法、团队协作与专业发展等方面的不断努力，教育者可以不断提高自身水平，为学生提供更优质的教育服务。

在未来，随着社会的不断发展和教育理念的更新，师资力量的培养与发展仍然需要不断探索和创新。教育者应当不断学习新知识、更新教育理念，适应社会变革，以更好地满足学生多样化的学习需求。同时，教育者还应当注重团队协作，加强与家长的沟通，推动整个教育体系的不断完善。

总体而言，教育者在教育实践中的师资经验分享，旨在强调教育者的全面素养和持续进步。通过不断反思、学习、合作，教育者可以在教学过程中不断创新，为培养具有创新精神和实践能力的学生做出更大的贡献。希望这些师资经验分享能够为广大教育者提供一些建设性的思考和启示。

三、优秀师范的激励与评价机制

优秀师范是教育事业中的中坚力量，他们的专业水平、教学能力和教育贡献直接关系到学生的成长和社会的发展。为了更好地培养和留住优秀的师范，建立科学合理的激励与评价机制显得尤为重要。本节将深入探讨优秀师范的激励与评价机制，以促进教育者更积极地投入工作，不断提升教育质量。

（一）激励机制的建立

1.薪酬激励

薪酬激励是一种直接而有效的激励手段。为优秀师范提供具有竞争力的薪酬待遇，既能够体现他们的价值，又能够增强他们的职业满足感。此外，可以通过设立绩效奖金、特殊津贴等方式，对教育业绩突出的优秀师范进行额外奖励。

2. 职称晋升机制

建立健全的职称晋升机制，是对优秀师范进行激励的一种方式。通过教育者的教学、科研、社会服务等多方面表现，逐步提升其职称，不仅能够体现其专业水平的不断提高，还能够激发其持续进取的动力。

3. 教学荣誉与奖项

设立教学荣誉和奖项是对优秀师范进行肯定和激励的一种方式。可以设立"优秀教师奖""教学名师"等荣誉，通过评选、颁奖仪式等形式，公开表彰他们的卓越贡献，激发广大教育者的积极性。

4. 专业发展支持

为优秀师范提供专业发展支持，如参与国际学术研讨会、学术交流项目、科研经费支持等。这不仅有助于他们保持专业的前沿性，还能够拓宽其学术视野，为提升教育质量提供更多资源。

5. 培训和进修机会

为优秀师范提供培训和进修机会，使其能够不断提升自身的教学水平和专业素养。这包括国内外名校的短期培训、学术研修计划、创新教育方法的培训等，使其能够紧跟教育领域的最新发展。

（二）评价机制的构建

1. 教学评价

教学评价是评价教育者工作的重要环节。通过学生评教、同行评审、教育管理层的评价等多维度的教学评价体系，全面了解教育者的教学水平、教学效果和创新能力。同时，要确保评价机制的公正性和客观性，防止评价过于主观或片面。

2. 科研成果评价

科研成果是评价教育者学术水平的重要标志。通过发表高水平的学术论文、参与重要科研项目、取得专利等方式，评价教育者在学科领域的贡献。科研成果评价旨在促使教育者不断深化学科研究，提高科研水平。

3. 社会服务与实践评价

除了教学和科研，社会服务与实践也是评价优秀师范的重要指标。通过参与社区服务、学生实践指导、教育咨询等社会服务活动，评价教育者在实际工作中的实际贡献，体现其在社会中的责任与担当。

4. 学科建设贡献评价

教育者参与学科建设的贡献也应纳入评价体系。这包括参与学科课程建设、编制教材、组织学术活动等。通过学科建设贡献的评价，可以促使教育者更好地参与学科建设，提高学科整体水平。

5.学生评价与毕业生追踪

学生评价是对教育者教学效果的直接反映。除了定期的学生评教外，还可以进行毕业生追踪，了解毕业生在工作和生活中的表现，作为评价教育者的一个重要依据。这种方式更能全面反映教育者的教育贡献。

（三）评价与激励机制的衔接

1.设立明确的评价标准

为了确保评价与激励机制的衔接，需要设立明确的评价标准。这些标准应当涵盖教学、科研、社会服务、学科建设等多个方面，并对每个方面的贡献进行权衡。明确的评价标准可以为激励机制提供科学依据，使评价更加公正、客观。

2.建立动态评价体系

评价体系应当是一个动态的过程，能够及时反映教育者在不同阶段的工作表现。定期进行评价，及时调整激励措施，保证评价与激励机制的实时性和灵活性。这有助于更好地激发教育者的工作热情和创新动力。

3.开展绩效考核与激励挂钩

将绩效考核与激励挂钩是一种有效的衔接方式。根据教育者在教学、科研、社会服务等方面的表现，制定相应的激励政策。这可以包括薪酬激励、职称晋升、专业发展支持等，以激发教育者更为积极地参与工作。

4.建立激励基金和项目

设立专门的激励基金和项目，用于奖励在教育领域取得卓越成就的教育者。这包括优秀教育科研项目的奖励、教育改革创新的激励资金等。通过这种方式，可以更加直观地激发教育者的创新和奉献精神。

5.建立激励委员会

设立专门的激励委员会，由教育管理层、行业专家、教育工作者等组成，负责制定激励政策、评选荣誉和奖项。激励委员会的存在可以保证激励机制的公正性和专业性，为教育者提供公正的评价和激励。

（四）面临的挑战与对策

1.评价指标的科学性

评价机制需要建立科学的评价指标，但确定科学性的指标是一个复杂的问题。面对这一挑战，可以邀请相关领域的专家组成评审团队，借助先进的评价方法和工具，确保评价指标具有科学性和可操作性。

2. 激励机制的公正性

激励机制需要确保公正性，避免由于主观因素导致的不公平现象。建立多层次、多维度的评价体系，引入同行评价、学生评价、专家评价等多方参与，提高激励机制的公正性。

3. 激励效果的监测与调整

建立激励机制后，需要不断监测激励效果，了解教育者的激励反馈和工作动力。在实践中，发现激励机制存在问题时，应及时调整和完善，以确保激励机制的长期有效性。

4. 激励机制与职业发展的衔接

激励机制与教育者的职业发展相衔接，对激励成果有实质性的帮助。建立起教育者的职业发展路径，激励机制作为其中的一个支持因素，使教育者在获得激励的同时，也能够更好地实现职业发展。

（五）展望与建议

未来，优秀师范的激励与评价机制将在教育领域发挥越来越重要的作用。为了更好地促进教育者的积极性和创造性，可以采取以下措施：

1. 加强激励机制的定制化

针对不同学科、不同层次的教育者，可以定制不同的激励机制。不同学科可能有不同的工作特点，不同层次的教育者可能有不同的职业发展需求，因此需要更具体、更差异化的激励方案。

2. 推动教育质量与激励挂钩

将教育者的工作质量与激励挂钩，使激励机制更加紧密地与教育质量提升相联系。可以通过学生毕业生的满意度、教育者的课堂效果等方面的评价，量化教育者的工作质量，将其作为激励机制的参考。

3. 建立良好的教育创新氛围

激励机制应当促使教育者更加注重教育创新。建议通过设立教育创新奖项、支持教育创新项目等方式，鼓励教育者探索新的教学方法、教材设计和课程创新，推动教育体系朝着更加创新和有效的方向发展。

4. 注重教育者的全人发展

激励机制不仅仅应该关注教育者在专业领域的成就，还应该关心其全人发展。鼓励教育者参与社会服务、发展兴趣爱好、提升领导力等方面，使其在多个维度上得到发展和激励。

5. 强化评价与激励的互动性

评价和激励应当形成一种互动机制。及时的评价结果可以为激励机制提供更为精准的指导，而有效的激励措施也能够进一步激发教育者的工作动力。建议通过定期的评价与激励对话，确保二者的紧密衔接。

6. 加强师范培训与激励相结合

将师范培训与激励机制相结合，使培训成果更直接地反映在激励机制中。培训的内容涵盖教育理论、先进的教学方法、专业发展规划等方面，帮助教育者提升自身素养，为激励机制提供更有力的支持。

7. 建立激励的长效机制

激励机制应当具有长期的稳定性，而非一时的奖励。建议建立激励的长效机制，使其成为教育者职业发展的一部分。通过多层次的激励机制，不断推动教育者实现个人和职业的全面发展。

在教育领域，优秀师范是推动教育事业发展的中坚力量。通过建立科学合理的激励与评价机制，可以更好地激发教育者的积极性、创造性和责任心，从而提升教育质量。激励机制的建立需要全社会的共同努力，包括政府、学校、教育管理部门以及教育者自身。希望在不断的实践中，我们能够创造出更为完善和适应时代需求的激励与评价机制，为培养更多优秀的师范和提高教育水平贡献力量。

第六章　高校劳动教育学生参与和成长

第一节　学生角色的变革

一、劳动教育中学生角色的传统认知

劳动教育作为培养学生综合素质、锤炼意志品质的一项重要任务，在长期的实践中形成了一系列传统认知。传统认知中，学生在劳动教育中通常被赋予特定的角色，这涉及对学生劳动的理解、期望以及培养目标的制定。本节将探讨劳动教育中学生角色的传统认知，分析其中的优点与不足，并提出对学生角色的新认知。

（一）传统认知下的学生角色

1.劳动者

在传统认知中，学生在劳动教育中主要被定位为劳动者。劳动被看作一种锻炼意志、培养毅力的手段，学生需要通过参与农田劳作、手工制作等活动来培养实际动手能力。学生作为劳动者的角色注重的是对基本劳动技能的掌握，强调的是动手实践和经验的积累。

2.责任者

学生在传统劳动教育中还被期望担任责任者的角色。这一角色要求学生在劳动中不仅要对自己的工作负责，还要对团队的工作负责。这种责任者的角色有助于培养学生的团队协作精神和对任务的责任心，促使他们在劳动中形成对工作的认真态度。

3.生产者

传统认知中，学生在劳动教育中也被理解为生产者。劳动被视为一种生产活动，学生参与劳动的同时也在为社会、学校创造价值。这一角色强调了学生的劳动所产生的实际效益，注重培养学生的实际动手能力，使他们在劳动中体验到工作带来的成就感。

（二）传统认知的优点

1.培养实际动手能力

传统认知中，学生被赋予劳动者、责任者、生产者等角色，注重培养实际动手能力。通过亲身参与劳动，学生能够掌握一定的手工技能，提高实际操作的熟练度，培养实际动

手的能力，有助于将理论知识与实际应用相结合。

2. 锻炼意志品质

在传统认知下，学生在劳动中承担责任、履行义务，锻炼了其意志品质。劳动需要学生具备毅力、耐心和坚韧不拔的品质，通过长时间的体力劳动或复杂的工作任务，学生的意志得到了锤炼，增强了抗挫折的能力。

3. 促进团队协作精神

学生在传统认知下的责任者角色要求他们具备团队协作的能力。在劳动中，学生需要与同学协同工作、分工合作，共同完成任务。这有助于培养学生的团队协作精神，提高他们在集体中的沟通和合作能力。

（三）传统认知的不足

1. 过度强调实用性

传统认知下，学生在劳动教育中主要被视为实际劳动的执行者，强调实用性，容易使劳动变得功利化。这可能导致对艺术、创造性等非实用性技能的忽视，影响学生综合素质的全面发展。

2. 忽视个体差异

传统认知中，对学生的期望主要侧重于培养基本劳动技能，忽视了个体差异。每个学生在实际动手方面的天赋和兴趣各异，过度强调统一的培养目标可能使一些学生感到无法发挥自己的特长。

3. 单一的价值观念

传统认知中，对学生的期望主要集中在劳动的实用性和效益上，忽视了其他方面的价值。这种单一的价值观念可能导致对学生个体发展的局限，忽略了劳动教育应当包容多元价值观的特点。

（四）对学生角色的新认知

1. 创新者

新认知下，学生还被赋予创新者的角色。劳动教育不仅仅是传授技能，更应该培养学生的创造性思维。学生可以通过劳动体验，不断思考如何更好地完成任务、提高效率，发挥出创新的潜力。

2. 实践者与思考者的结合

新认知下，学生不仅是实际劳动的实践者，更是思考者。劳动不仅仅是技能的简单运用，更需要学生进行深入思考。培养学生在劳动中的实践能力的同时，也要注重引导学生通过反思和思考，形成对劳动的深刻理解，使他们在实践中能够更好地运用理论知识。

3. 社会参与者

新认知下，学生可以被看作社会参与者。劳动教育应当与社会相联系，让学生在劳动中感受社会的需要，理解自己的责任。学生可以通过参与社区服务、环保活动等形式，将劳动与社会责任相结合，培养他们的社会参与意识。

4. 全面发展者

新认知下，学生被期望成为全面发展的个体。除了实际操作技能，劳动教育还应注重培养学生的创造力、沟通能力、团队协作等综合素质。学生在劳动中既要获得实际的动手能力，也要培养出色的人文素养。

（五）新认知的实施策略

1. 开展多元化的劳动项目

为了满足学生多样化的需求，劳动教育应该开展多元化的劳动项目。除了传统的手工制作、田间劳作，还可以引入更具创新性和实践性的项目，如社区服务、科技创新等，以满足不同学生的兴趣和潜能。

2. 设立个性化的劳动目标

为了更好地关注个体差异，劳动教育可以设立个性化的劳动目标。通过了解学生的兴趣爱好、特长和职业规划，制定符合其个性的劳动目标，使学生在劳动中更好地发挥个体优势。

3. 引入创新教育理念

为了培养学生的创造性思维，劳动教育可以引入创新教育理念。通过组织创客活动、项目制学习等方式，激发学生的创新意识，让他们在劳动中不仅获得实际技能，还能培养创新能力。

4. 强化社会实践与服务

为了使学生更好地理解社会责任，劳动教育可以强化社会实践与服务。通过组织学生参与社区服务、环保活动等，使他们在劳动中体验到社会的需求，培养他们的社会参与意识。

劳动教育中学生角色的传统认知在培养实际动手能力、锻炼意志品质等方面取得了一些成就，但也存在过度强调实用性、忽视个体差异、单一的价值观念等问题。为了更好地适应当代社会的需求，劳动教育应当更新对学生角色的认知，赋予学生创新者、实践者与思考者的新角色，强调个体差异的尊重与关注。通过开展多元化的劳动项目、设立个性化的劳动目标、引入创新教育理念以及强化社会实践与服务，可以更好地推动劳动教育的发展，培养更具综合素质的学生。

二、现代高校劳动教育中学生的新定位

随着社会的不断发展和高等教育体制的不断完善，劳动教育在现代高校中的地位和作用逐渐受到重视。学生不再仅仅是知识的接受者，而是需要具备更多综合素质和实践能力。本节将探讨现代高校劳动教育中学生的新定位，包括学生在劳动中的角色、所需培养的能力以及劳动教育的目标与方法。

（一）学生在劳动中的新角色

1. 创新者与实践者

在现代高校劳动教育中，学生不再只是实际劳动的执行者，更应被赋予创新者和实践者的新角色。劳动不再是简单的技能培养，而是一个促使学生思考、创新和实践的平台。学生在劳动中应当培养创新思维，将理论知识与实际操作相结合，成为既能够提出新理念又能够付诸实践的综合型人才。

2. 社会参与者与责任者

新定位下，学生还应被视为社会参与者和责任者。劳动不再是封闭的校内活动，而是与社会紧密结合的一部分。学生需要在劳动中感受社会责任，参与社区服务、环保行动等社会实践活动，培养社会参与意识和责任感，使他们具备更强的社会适应力和责任心。

3. 团队协作者与沟通者

团队合作与沟通能力在现代社会中越发重要，因此，学生在劳动中的新角色也包括团队协作者和沟通者。通过参与团队劳动，学生能够锻炼团队协作的能力，学会与他人有效沟通，形成更好的合作氛围，培养团队协作精神，为将来进入社会工作做好充分准备。

（二）所需培养的能力

1. 创新能力

现代社会对创新能力的需求越来越高。劳动教育应当培养学生的创新能力，使其在解决问题、改进工作方法等方面具备独立思考和创新的能力。这既包括对技术、工艺的创新，也包括对组织、管理的创新。

2. 综合素质

学生不再仅仅需要专业知识，更需要综合素质。劳动教育应当帮助学生在实际劳动中培养沟通协作能力、解决问题的能力、批判性思维等综合素质。这有助于学生更好地适应社会的需求，增强其竞争力。

3. 社会责任感

社会责任感是现代高校培养学生的重要目标之一。劳动教育通过让学生参与社区服务、

公益活动等，培养学生的社会责任感。学生在劳动中应当深刻理解自己的行为对社会的影响，形成对社会的积极责任感。

4.团队协作能力

团队协作能力是在团队中顺利合作、有效沟通的能力。通过参与团队劳动，学生能够体验到团队协作的重要性，锻炼自己在团队中发挥作用的能力，培养团队协作的意识和技能。

（三）劳动教育的目标与方法

1.劳动教育的目标

培养实际动手能力：传授学生实际工作所需的技能，使其具备实际动手的能力，更好地适应未来工作生活。

培养创新思维：通过劳动，激发学生的创新思维，培养其在实际工作中提出新理念、解决实际问题的能力。

培养社会责任感：通过社会实践、参与公益活动等形式，培养学生的社会责任感，使其认识到个体行为与社会的关系。

培养团队协作精神：通过团队劳动，培养学生的团队协作精神，使其能够在团队中更好地发挥作用。

2.劳动教育的方法

项目制学习：通过实际项目，让学生在劳动中学习知识、培养技能，并锻炼创新思维和实际操作能力。

社区服务：组织学生参与社区服务，通过实际行动感受社会需求，培养学生的社会责任感和公民意识。这包括与社区合作的劳动项目，如环保活动、社区建设等，使学生深入社会、关心他人，从而培养他们的社会责任感。

实践性教学：强调实践性教学，将理论知识与实际操作相结合。通过实际动手，学生可以更好地理解和掌握所学知识，提高实际工作能力。

团队合作项目：组织学生参与团队合作项目，使他们在协作中体验团队合作的重要性，学习有效沟通和协同工作的技能。

行业实习：安排学生参与与专业相关的实习，让他们在真实的职场环境中运用所学知识，提高职业素养和实际操作水平。

导师制度：建立劳动教育导师制度，为学生提供个性化的指导和辅导。导师可以根据学生的兴趣和发展方向，制订个性化的劳动教育计划，引导学生更好地发展。

（四）应对挑战与未来展望

1. 应对挑战

资源不足：面对劳动教育资源不足的挑战，高校可以加强与企业、社会组织的合作，共享资源，提高劳动教育的实际效果。

传统观念难以转变：部分人仍然持有传统观念，认为高校应该以传授知识为主，对劳动教育不够重视。需要通过宣传教育、政策引导等手段，逐步改变这种观念。

2. 未来展望

全面发展：劳动教育将更加注重学生的全面发展，不仅关注专业技能的培养，更注重学生的创新力、团队协作能力、社会责任感等多方面素质的培养。

国际化视野：随着全球化的深入，劳动教育将更加注重培养学生的国际化视野，使其具备在国际背景下工作的能力和素质。

多元实践：劳动教育将更加注重多元实践，包括社区服务、行业实习、创新项目等，使学生在实际操作中不断提升自己的综合素质。

技术融合：随着科技的发展，劳动教育将更多地融入现代技术，如虚拟实验室、在线实践平台等，提升学生的技术水平。

个性化教育：针对学生个体差异，劳动教育将更加注重个性化培养，通过导师制度、个性化劳动计划等方式，满足学生不同方面的需求。

现代高校劳动教育中学生的新定位不仅关注学生在实际劳动中的角色转变，更注重培养学生的创新能力、社会责任感、团队协作能力等多方面的素质。这需要高校在劳动教育中不断创新，采用多元的教学方法，与社会、企业合作，为学生提供更加丰富的实践机会。未来，随着社会的发展和教育理念的不断演进，现代高校劳动教育将在培养更全面素质的学生方面发挥越来越重要的作用。

第二节　学生参与与自主学习

一、学生参与的层次与方式

学生参与是现代教育的重要理念之一，旨在将学生置于学习过程的中心，激发其学习的主动性和积极性。学生的参与不仅仅是听课、接受知识，更是一种深度融入、积极互动的学习过程。本节将探讨学生参与的层次与方式，分析不同层次的参与对学生的发展和学校教育的影响。

（一）学生参与的层次

1. 表面性参与

表面性参与是指学生在学习过程中仅仅完成了老师布置的任务，达到了表面的学习要求，但并没有深入思考，缺乏对知识的深刻理解。这种层次的参与通常表现为机械性的学习，只关注应试需要，缺乏主动性和创造性。

2. 被动性参与

被动性参与是指学生对学习缺乏积极的投入，仅仅是接受信息，而不主动思考或提出问题。这种层次的参与反映了学生对学习任务的被动态度，缺乏主动探索和深度思考的意愿。

3. 主动性参与

主动性参与是学生在学习中展现出积极的主动性，愿意主动思考问题，提出自己的见解和疑问，积极参与课堂互动。这种层次的参与反映了学生对学习的热情和主动性，具备一定的自主学习能力。

4. 深度性参与

深度性参与是指学生在学习中不仅仅表现出主动性，还能够深度思考，对所学知识进行批判性思考，能够独立解决问题，发展自己的学术兴趣。这种层次的参与展示了学生在学习中的深度理解和高水平的思维能力。

（二）学生参与的方式

1. 课堂参与

课堂是学生学习的主要场所，课堂参与是学生参与的重要方式。课堂参与可以表现为回答问题、提问、讨论、展示等形式，学生通过与老师和同学的互动，建立对知识的理解和认知。

2. 小组合作

小组合作是培养学生团队协作精神和沟通能力的有效方式。学生通过小组讨论、合作项目等形式，共同解决问题，分享思想，形成集体智慧。小组合作能够促进学生之间的相互交流，培养团队协作精神。

3. 实践活动

实践活动是学生参与的另一种方式，通过参与实际的项目、实践活动，学生能够将理论知识应用到实际中，提高实际动手能力。这种方式不仅丰富了学生的学习体验，也增强了他们的实际问题解决能力。

4. 研究性学习

研究性学习强调学生通过研究性的方式深入学习，包括文献查阅、实证研究、论文写作等。学生在这个过程中需要主动提出问题、查找资料、分析数据，培养了学术研究的能力，提高了学生的深度性参与。

5. 社会服务与实践

学生通过参与社会服务、实践活动，将学到的知识应用到社会实践中。这种方式能够拓宽学生的视野，培养他们对社会的关注和责任感。通过实际参与社会服务，学生可以将课堂所学的理论知识与实际问题相结合，提高解决实际问题的能力。

6. 项目化学习

项目化学习是以项目为核心的学习方式，学生通过参与项目，完成实际任务，达到学习目标。这种方式注重学生的主动参与和合作精神，使学生能够在实际项目中应用所学知识，培养实际问题解决和团队协作的能力。

7. 在线学习和远程参与

随着科技的发展，学生通过在线学习平台参与课程，远程参与各类活动已成为一种常见方式。这种方式突破了时空的限制，使学生可以更加灵活地参与学习，获取全球范围内的资源。

（三）学生参与的层次与参与方式的关系

1. 表面性参与与课堂参与的关系

表面性参与通常表现为机械性的学习，只关注应试需要，缺乏深度思考。这种参与方式往往与课堂参与密切相关，学生可能只是为了满足老师的要求而在课堂上完成任务，而不是真正理解和应用知识。

2. 被动性参与与小组合作的关系

被动性参与反映了学生对学习缺乏积极的投入，仅仅是接受信息，而不主动思考。小组合作是一种能够促进学生积极互动、共同解决问题的方式，可以在一定程度上打破学生的被动状态，激发学生的主动性。

3. 主动性参与与实践活动的关系

主动性参与强调学生的积极主动性，愿意主动思考问题，提出自己的见解和疑问。实践活动是一种能够提高学生实际动手能力的方式，通过实际操作，学生能够更主动地参与到学习过程中，将理论知识与实际应用相结合。

4. 深度性参与与研究性学习的关系

深度性参与要求学生在学习中深度思考，对知识进行批判性思考。研究性学习注重学生对问题的独立研究和深入分析，通过自主查找资料、撰写论文等方式培养学生的深度思维和研究能力。

5. 社会服务与实践与项目化学习的关系

社会服务与实践和项目化学习都是强调学生参与实际问题解决的方式。通过参与社会服务与实践，学生可以将所学知识应用到实际社会中，培养解决实际问题的能力。项目化学习则通过参与项目，完成实际任务，使学生更好地应用理论知识，培养实际动手能力。

6. 在线学习和远程参与与深度性参与的关系

随着在线学习和远程参与的发展，学生可以更灵活地参与学习，获取全球范围内的资源。这种方式有助于学生深度参与，因为学生可以在自己的节奏下深入学习，开展独立思考和研究。

（四）学生参与的层次与方式对学生的影响

1. 对学习兴趣的影响

学生主动参与和深度参与往往能够激发学习兴趣。通过积极参与课堂讨论、小组合作、实践活动等，学生更容易产生对知识的兴趣和好奇心，提高学习的主动性。

2. 对自主学习能力的培养

主动性参与和深度性参与有助于培养学生的自主学习能力。通过主动提出问题、深入思考、独立研究等方式，学生逐渐形成了自主学习的习惯和能力，能够更好地适应未来需要不断学习的社会。

3. 对团队协作与沟通能力的发展

小组合作、实践活动等方式有助于培养学生的团队协作与沟通能力。学生在团队中互相协作、分享思想，通过交流合作提高了团队协作的能力，能够更好地适应未来社会对团队协作的需求。

4. 对实际动手能力的提高

实践活动、项目化学习等方式能够提高学生的实际动手能力。学生通过实际操作、完成项目任务，不仅增加了实际经验，也培养了实际问题解决的能力，为未来的职业发展打下坚实基础。

5. 对批判性思考能力的培养

深度性参与和研究性学习强调学生对知识的深度思考和批判性分析。学生通过独立研究、提出问题、深入分析，培养了批判性思考的能力，不仅仅是接受知识，更能够主动思考、质疑和创新。

6. 对社会责任感的塑造

社会服务与实践是培养学生社会责任感的有效途径。通过参与社会服务项目，学生深刻认识到自己的行为对社会的影响，培养了关爱社会、关心他人的社会责任感，使其在未来能够更加积极地为社会做出贡献。

7. 对全球视野的拓展

在线学习和远程参与能够拓宽学生的视野，使其接触到更广泛的知识和文化。学生通过全球范围内的学习，更好地理解国际社会的发展趋势，培养了全球化视野，提高了在跨文化环境中的适应能力。

（五）学生参与的层次与方式对学校教育的影响

1. 教学模式的优化

学生主动参与和深度参与的教学模式需要教育机构更加注重学生的个体差异，提供多样化的学习方式。这有助于教育机构优化教学模式，更好地满足学生的学习需求，培养他们的自主学习能力。

2. 课程设计的创新

学生参与的不同层次和方式对课程设计提出了更高的要求。需要设计更富有挑战性和启发性的课程，通过实践性、项目化的方式使学生更好地参与其中，使课程内容更贴近实际需求，提高学生的学科素养。

3. 教育环境的改善

学生参与的方式对教育环境提出了新的要求。教育机构需要提供良好的学习氛围和资源支持，为学生提供开展实践活动、研究性学习等的场地和设备，以创造更适宜学生参与的环境。

4. 培养学生的综合素质

学生参与的不同层次和方式有助于培养学生的综合素质。学生通过实际动手、团队协作、深度思考等方式，逐渐形成全面发展的素质，更好地迎接未来社会的复杂变化。

5. 促进学校与社会的融合

社会服务与实践、项目化学习等方式使学校更紧密地与社会融合。学生通过参与实际项目、服务社会，将学到的知识应用于实践，促进了学校与社会的有机结合，有助于学生更好地适应社会发展需求。

二、自主学习能力的培养与评估

自主学习能力是学生在学习过程中主动、积极地控制和调节自己的学习行为、思维活动和情感体验的能力。随着信息时代的发展，培养学生的自主学习能力变得尤为重要。本节将探讨自主学习能力的培养与评估，分析培养自主学习能力的策略以及如何有效地评价学生的自主学习水平。

（一）自主学习能力的内涵

自主学习能力是指学生在学习过程中，具备自我决策、自我管理、自我监控的能力，能够主动获取、整合和应用知识，培养批判性思维和解决问题的能力。自主学习能力包括以下几个方面的内涵：

1. 目标设定与规划能力

学生能够明确学习目标，制订合理的学习计划，并能根据自身情况进行调整。这需要学生对自己的学习需求有清晰的认识，能够设定具体、可实现的学习目标。

2. 信息获取与筛选能力

学生具备主动获取信息的能力，能够利用各种资源获取所需知识，并能够对信息进行筛选、评估，判断信息的可信度和适用性。

3. 学习方法运用与调整能力

学生能够选择合适的学习方法，包括阅读、思考、讨论、实践等，能够根据学科特点和学习任务的难易程度调整学习方法，形成适合自己的学习策略。

4. 问题解决与创新能力

学生能够在学习中遇到问题时主动寻找解决方法，具备解决实际问题的能力。同时，他们能够发展创新思维，对知识进行整合和创新性应用。

5. 自我评价与反思能力

学生具备自我评价和反思的习惯，能够客观地评价自己的学习效果，找出不足之处，并制订改进计划。这种反思过程有助于他们不断优化学习策略。

（二）培养学生自主学习能力的策略

1. 建立学习兴趣

学习兴趣是推动学生自主学习的内在动力之一。教育者可以通过激发学生的学科兴趣、提供多样化的学习资源和案例，使学生在学习过程中体验到乐趣，激发他们对知识的主动追求。

2. 设立个性化学习目标

教育者可以与学生共同制定个性化的学习目标，根据学生的兴趣、水平和需求，让学生参与目标的设定过程，增加学生的学习动机，使学习更具个性化和针对性。

3. 教授学习策略和方法

在教学中，教育者可以向学生介绍不同的学习策略和方法，包括阅读技巧、思维导图、团队协作等。通过培养学生多样化的学习方法，提高其对不同学科和任务的适应能力。

4. 提供自主学习的环境

创设积极的学习环境对培养学生的自主学习能力至关重要。这包括提供良好的图书馆、实验室、网络资源等学习场所，鼓励学生参与学术研究和实践活动，培养学生自主获取知识的能力。

5. 组织项目式学习

项目式学习是一种能够培养学生自主学习能力的有效方式。通过组织项目，学生需要主动规划项目进程、收集信息、解决问题，培养了他们的目标设定、协作和问题解决能力。

6. 鼓励学生参与实践与实习

实践与实习是学生将理论知识应用到实际中的重要途径。通过参与实践和实习，学生能够更全面地了解知识的实际运用，培养实际问题解决能力和创新思维。

7. 支持学生参与科研活动

鼓励学生参与科研活动，能够培养他们的独立研究和创新能力。学生在科研过程中需要自主设计实验、分析数据、总结结论，提高了他们对知识的深度理解和运用能力。

（三）评估学生自主学习能力的方法

1. 设立自主学习目标的评价

通过设立自主学习目标的评价，可以考查学生是否能够明确学习目标、制订计划，并在学习过程中持续调整和优化目标。教育者可以结合学科特点和学生个体差异，制定符合实际情境的目标评价标准，包括目标的明确性、可操作性、实现性等方面。

2. 学习方法的评价

评价学生的学习方法涉及学生选择、调整学习方法的能力。这可以通过观察学生在学习过程中采用的方法、听取学生的学习心得、组织学习方法分享等方式进行。教育者还可以通过让学生撰写学习方法总结、参与学习方法改进的讨论等形式，了解学生对不同学科和任务的学习方法的理解和应用情况。

3. 问题解决和创新能力的评价

通过评价学生的问题解决和创新能力，可以了解学生在学习中遇到问题时的处理方式以及对知识的创新性应用情况。这可以通过学生参与的项目、实践活动、研究性学习等途径进行评估。同时，可以设计具体的问题情境，观察学生在解决问题时的思考过程和解决方案。

4. 自我评价与反思的评价

学生的自我评价与反思能力可以通过学生撰写学习日志、参与学习经验分享、进行学习计划调整等方式进行评价。教育者可以关注学生的反思深度、对自己学习的认知以及对未来改进的规划等方面。通过及时的反馈和引导，帮助学生更好地进行自我调整和提升。

5.参与实践与实习的评价

对学生参与实践与实习的评价可以从实际操作、解决实际问题的角度出发。教育者可以通过观察学生在实践中的表现、听取实践导师的反馈、学生的实际产出等方式进行评估。此外，学生可以通过书面报告、展示、答辩等方式展示在实践中获得的经验和能力。

6.参与科研活动的评价

学生参与科研活动的评价可以从研究设计、数据收集与分析、研究论文撰写等方面进行。教育者可以通过学生的研究报告、实验结果、论文写作等途径评估学生在科研活动中的表现。同时，学生的独立性、创新性、团队协作能力也是评价的重要指标。

自主学习能力的培养与评价是教育改革的重要方向之一。通过设立自主学习目标、教授学习策略和方法、组织项目式学习、鼓励学生参与实践与实习、支持学生参与科研活动等策略，可以有效培养学生的自主学习能力。

第三节　社会实践与实际问题解决

一、社会实践在高校劳动教育中的定位

随着社会的不断发展和高校教育的不断变革，劳动教育作为培养学生综合素质和实践能力的一项重要任务，逐渐引起了高校各界的关注。在劳动教育的众多形式中，社会实践作为一种具有广泛参与性和实际操作性的方式，为学生提供了更为丰富的学习体验。本节将探讨社会实践在高校劳动教育中的定位，分析其在培养学生能力、拓宽视野、促进社会责任感等方面的作用，并探讨如何更好地整合社会实践资源，提升劳动教育的实效性。

（一）社会实践与高校劳动教育的融合

1.社会实践的内涵

社会实践是指学生在校园之外，通过参与社会各种实际活动，进行实地调查、社区服务、企业实践等形式的实践活动。社会实践强调学生在实际社会环境中的实际操作和实际体验，是一种将理论知识与实践技能相结合的综合性学习方式。

2.高校劳动教育的目标

高校劳动教育旨在通过劳动实践活动，培养学生的实际动手能力、团队协作精神、解决问题的能力，提高他们的社会责任感和创新精神。劳动教育的目的不仅仅是传授专业知识，更是培养学生的实际应用能力和社会适应能力。

3.融合的背景与意义

将社会实践与高校劳动教育融合，有助于拓宽学生的视野，提供更为丰富的学习体验。社会实践为学生提供了更多的实际操作机会，促使他们将理论知识更好地应用于实践，有助于达到劳动教育的综合培养目标。

（二）社会实践在培养学生能力中的作用

1.实际动手能力的培养

社会实践是学生在实际环境中进行实际操作的过程，这有助于培养学生的实际动手能力。通过参与各类实践活动，学生能够更好地将课堂所学的理论知识转化为实际操作技能，提高实际动手的熟练程度。

2.团队协作与沟通能力的提升

社会实践往往需要学生与他人合作完成任务，这促使学生培养团队协作和沟通能力。在实际项目中，学生需要分工合作、有效沟通，从而提高了团队协作的效率和质量。

3.问题解决和创新能力的发展

社会实践的过程中，学生可能会面临各种实际问题，需要运用所学知识进行解决。通过这样的实践，学生的问题解决和创新能力得到发展。他们在实际问题中思考、分析、提出解决方案，培养了批判性思维和创新意识，使其更具有面对未知挑战的勇气和能力。

4.社会责任感的培养

社会实践使学生深入社会，亲身感受社会的需求和问题。通过参与社区服务、公益活动等，学生逐渐形成对社会的责任感，认识到个体与社会的关系，培养了服务社会的意识和精神。

5.实际经验的积累

社会实践是学生在真实社会环境中获取实际经验的重要途径。这种经验不仅包括专业技能的提升，还包括对社会文化、价值观念、行业发展趋势等方面的深刻理解。学生通过实际参与，积累了更为丰富和全面的实际经验。

6.职业素养的培养

社会实践为学生提供了更多的机会了解自己所选择的专业领域，使其更好地适应未来职业发展。在实际工作中，学生能够了解职场文化、职业要求，提前培养职业素养，为未来的就业打下坚实基础。

（三）社会实践拓宽学生视野的重要性

1.跨学科的视野

社会实践通常涉及不同学科和领域的合作，学生在实践中有机会接触到跨学科的知识。

这有助于打破学科之间的界限，促使学生形成更为全面、开阔的学科视野，有助于综合应用多学科知识解决实际问题。

2. 社会多元文化的体验

在社会实践中，学生有机会接触到不同背景、不同文化的人群，感受社会的多元性。这种体验有助于拓宽学生的文化视野，增强跨文化沟通的能力，培养他们在跨文化环境中的适应能力。

3. 行业发展趋势的了解

通过实际参与行业实践，学生能够更加直观地了解不同行业的发展趋势、市场需求、新技术应用等方面的信息。这有助于学生更好地规划个人职业发展，提前了解行业动态，适应未来职业市场的变化。

4. 社会问题的认知

社会实践使学生更加贴近社会，面对社会的问题时，能够更全面地了解问题的根本原因、影响和解决方法。这有助于培养学生对社会问题的关切和认知，激发他们解决社会问题的积极性。

5. 创新意识的培养

在社会实践中，学生常常需要解决一些具有挑战性的问题，这要求他们具备创新思维。通过面对实际问题，学生能够培养对问题的独立思考和创新解决方案的能力，激发创新意识。

（四）社会实践与培养社会责任感的关联

1. 服务社会的机会

社会实践往往伴随着服务社会的机会，通过参与社区服务、志愿者活动等，学生有机会为社会做出贡献。这种参与不仅能够提高学生的社会责任感，也能够加深对社会的认同感和归属感。

2. 接触社会问题

社会实践能够使学生更直接地接触到社会中存在的问题，了解到环境污染、地区差异等方面的实际情况。通过亲身体验，学生更容易产生对社会问题的关切之情，激发社会责任感。

3. 参与社会改革

社会实践为学生提供了参与社会改革的平台。通过参与社会活动、提出社会问题的解决方案，学生能够深刻理解社会的运作机制，并在实际中为社会变革做出积极贡献。这样的经历有助于培养学生的社会责任感，使其成为社会发展的积极参与者。

4. 实践社会价值观

社会实践不仅是知识技能的实际运用，也是社会价值观的实践。通过实际参与，学生能够更清晰地认识到社会的多元性和复杂性，从而形成更为深刻的社会观念和价值观念。这种实践有助于塑造学生的道德品质和社会责任感。

5. 发展全球公民意识

社会实践不仅限于国内，还包括国际性的实践活动。通过参与国际交流、合作项目，学生能够更广泛地了解全球问题，培养全球公民意识。这有助于提高学生的全球化视野，使其更具有面向世界的社会责任感。

（五）社会实践资源整合与劳动教育实效性提升

1. 建设多层次的社会实践平台

为了更好地整合社会实践资源，高校可以建设多层次的社会实践平台，包括校内实践基地、社区服务平台、企业实习基地等。这样的平台不仅能够提供更多样化的实践机会，还能够更好地服务不同层次的学生需求。

2. 与社会机构建立合作关系

高校可以积极与社会机构、企业建立合作关系，共同开展社会实践项目。通过与社会机构的合作，学生可以更好地融入社会实践，获取更真实的实践体验，提高劳动教育的实效性。

3. 推动校企合作实践项目

校企合作是社会实践的重要形式之一。高校可以与企业合作，推动学生参与实际项目，让他们在真实的职场环境中锻炼实际操作技能。这种合作不仅有助于提升学生的职业素养，还能够更好地满足企业对人才的需求。

4. 加强社会实践指导与评价

为了提高社会实践的实效性，高校需要加强对学生的社会实践进行指导和评价。教育者可以制定明确的实践目标和任务，提供实践指导，确保学生在实践中能够达到预期的培养目标。

5. 设立社会实践奖励机制

建立社会实践奖励机制，对在社会实践中表现突出的学生给予肯定和奖励。这有助于激发学生参与社会实践的积极性，形成厚植实践基础的良好氛围。

社会实践在高校劳动教育中具有重要的定位，是培养学生实际动手能力、团队协作与沟通能力、问题解决和创新能力、社会责任感等方面的有效途径。通过将社会实践与劳动教育有机结合，可以更好地实现对学生的全面培养。面对挑战，高校需要不断完善社会实践资源整合机制，推动校企合作，加强社会实践管理，以提升劳动教育的实效性。

二、实际问题解决能力的培养与实践

实际问题解决能力是指个体在面对复杂、未知的实际问题时，能够通过系统性思考、创造性思维、团队合作等方式，找到有效的解决方案的能力。这一能力不仅是现代教育的关键目标之一，也是社会对个体综合素养的重要要求。本节将探讨实际问题解决能力的内涵、培养策略以及通过实践活动来促进该能力的发展。

（一）实际问题解决能力的内涵

1. 系统性思考与分析能力

实际问题解决能力首先体现在个体对问题的系统性思考与分析能力。个体应能够深入剖析问题，理解问题的本质、结构和关系，形成对问题全貌的清晰认识。

2. 创造性思维与创新能力

实际问题解决不仅仅是问题的发现和分析，还需要创造性思维，即在已有知识的基础上，提出独特、新颖的解决方案。创新能力是实际问题解决中的关键，能够推动问题的深层次解决。

3. 协作与沟通技能

解决实际问题通常需要团队的协作与沟通。具备良好的协作能力，能够与他人有效地共同努力，共同探讨问题，形成合力。同时，优秀的沟通技能能够确保信息的传递和理解，减少解决问题中的误解与误导。

4. 决策与执行能力

实际问题解决的最终目标是得出并实施一种解决方案。因此，个体需要具备明确的决策能力，能够在不确定性中做出决断，并通过有效执行将解决方案转化为实际成果。

（二）实际问题解决能力的培养策略

1. 项目式学习

项目式学习是培养实际问题解决能力的有效途径之一。通过参与具体项目，学生能够面对真实的问题，进行系统思考、分析，提出并实施解决方案。项目式学习能够锻炼学生的创造性思维、协作能力和决策执行力。

2. 跨学科综合课程设计

将不同学科的知识与技能融合，设计跨学科的综合课程，能够培养学生面对实际问题时的综合应用能力。这样的课程设计可以促使学生从不同的角度思考问题，形成更全面的解决方案。

3. 实际问题解决导向的实验课程

在实验课程中引入实际问题解决的元素，使学生在实际操作中遇到问题，并通过自主学习和合作解决问题。这种实验教学方式可以培养学生的实际动手能力和解决问题的实际经验。

4. 模拟实践活动

通过模拟实践活动，学生可以在相对低风险的环境中体验真实问题解决的过程。这有助于提高学生在实际情境中的应变能力和决策水平，为他们解决更复杂的实际问题提供更好的准备。

5. 团队合作项目

通过团队合作项目，培养学生的团队协作与沟通技能。学生在团队中分工合作，共同面对和解决实际问题。团队合作项目不仅锻炼了学生的协同工作能力，还提高了团队整体的解决问题的效率和质量。

6. 实际问题解决导向的研究性学习

鼓励学生进行研究性学习，特别是围绕实际问题展开研究。在研究过程中，学生需要不断迭代和优化解决方案，培养了他们的创新能力和持续改进的精神。

7. 行业实践与实习经验

引导学生参与行业实践和实习，让他们在真实的职业环境中面对和解决实际问题。在职场中，学生将接触到更复杂、更具挑战性的问题，锻炼其实际问题解决的能力。

（三）实践活动中促进实际问题解决能力的发展

1. 问题情境设计

在实践活动中，刻意设计问题情境，让学生面对具体、真实、复杂的问题。这有助于激发学生的问题解决欲望，培养其主动思考和解决问题的能力。

2. 导师指导与启发

为学生提供导师指导，引导他们在实际问题解决中发现问题、提出假设、展开思考。导师在其中充当启发者和引导者的角色，帮助学生培养问题解决的方法论。

3. 自主学习与反思

鼓励学生进行自主学习，通过阅读、调研等方式获取更多解决问题所需的知识。并在解决问题的过程中，要求学生进行反思，总结经验教训，形成对问题解决的认知和理解。

4. 多元化的解决方案

在实践活动中，鼓励学生提出多元化的解决方案。通过比较和分析不同的方案，学生能够更好地理解问题的复杂性，培养在多样性条件下选择最佳方案的能力。

5. 实际操作与演练

实际问题解决需要实际操作，因此在实践活动中，学生要有机会付诸实践，验证他们的解决方案。通过实际操作与演练，学生能够更好地理解方案的可行性和有效性。

（四）面临的挑战与未来展望

1. 问题的复杂性和不确定性

实际问题往往伴随着复杂性和不确定性，这增加了培养实际问题解决能力的难度。未来需要更深入地研究解决复杂、不确定问题的方法，培养学生更强大的应变能力。

2. 跨学科知识的需求

解决实际问题通常需要跨学科的知识和技能。未来，需要更好地整合不同学科的课程，打破学科壁垒，培养学生具备多学科知识的背景。

3. 评价体系的建设

实际问题解决能力的培养需要建立科学、全面的评价体系。未来应深入研究如何客观评价学生在解决实际问题过程中的思维逻辑、创新性、团队协作等方面的能力。

4. 技术支持与工具的应用

随着技术的发展，未来可以更广泛地利用信息技术、人工智能等工具，提供更多支持学生实际问题解决的手段。这将为学生提供更便利、高效的学习工具，加速实际问题解决能力的培养。

实际问题解决能力的培养是现代教育的重要目标之一。通过项目式学习、跨学科课程设计、实验课程、模拟实践、团队合作项目等策略，结合实际问题解决导向的实践活动，可以有效培养学生的系统性思考、创造性思维、协作与沟通技能、决策与执行能力。在面对未来社会的挑战中，培养学生的实际问题解决能力将更具战略性和紧迫性。为此，教育者需要不断探索创新的培养方法，以适应社会对具备实际问题解决能力的人才的需求。

第四节　学生评估与反馈机制

一、学生综合素质评估体系的建立

学生的综合素质评估是教育系统中至关重要的一环，它不仅关系到学生的个体成长，更关系到整个社会的发展。传统的学生评估主要关注学科知识的掌握，但在当今社会，综合素质更强调学生的全面发展，包括思维能力、创新能力、团队协作能力等。本节将探讨学生综合素质评估体系的建立，旨在为培养更全面素质的学生提供有效的评估手段。

（一）学生综合素质的内涵

1. 学科知识与技能

学科知识与技能是学生综合素质的基础。它包括对专业领域的深刻理解和掌握，以及实际操作的技能。学生需要通过学科知识的学习，奠定解决问题的基础。

2. 创新与创造力

创新与创造力是学生综合素质中的重要组成部分。学生应具备独立思考、提出新观点和解决问题的能力，培养对新事物的敏感性，具备创新的思维模式。

3. 批判性思维与问题解决能力

批判性思维是指学生对信息的分析、评价和判断能力，能够客观看待问题，善于提出质疑，具备解决实际问题的能力。这是学生在未来职业和社会生活中必备的素质之一。

4. 沟通与协作能力

沟通与协作能力是团队合作中的关键因素。学生应具备清晰表达自己观点的能力，同时能够有效倾听他人意见，并在团队中协同工作，共同完成任务。

5. 责任心与社会责任感

学生的综合素质还应包括责任心和社会责任感。学生应当具备对自己的学业和生活负责的态度，同时对社会有一定的责任感，关心社会问题，积极参与公益活动。

（二）学生综合素质评估体系的建立

1. 明确评估目标与指标

学生综合素质评估体系的第一步是明确评估的目标与指标。学校和教育机构需要明确学生综合素质的培养目标，进而确定评估体系中的各项指标。这些指标应涵盖学科知识、思维能力、创新能力、沟通协作能力等多个方面。

2. 建立多元化的评估手段

为了全面评价学生的综合素质，评估体系应采用多元化的评估手段。除了传统的考试评估，还可以引入项目评估、实践能力考核、口头表达与演讲、团队项目等方式，以更好地反映学生的多方面能力。

3. 设立综合素质档案

学生综合素质评估应建立综合素质档案，详细记录学生在各个方面的表现。这不仅有助于学校和教育机构对学生的全面了解，也为学生个体的发展提供有效的参考。

4. 引入 360 度评估机制

引入 360 度评估机制，涵盖学生、教师、同学、家长等多方面的评价。这样可以更全面、客观地了解学生在学习和生活中的表现，促使学生多方位发展。

5. 建立动态反馈机制

学生综合素质评估不应仅仅停留在学期末或毕业时进行，而是应该建立起动态的反馈机制。通过定期的评估和反馈，帮助学生及时发现问题、调整学习方向，实现全程指导。

（三）学生综合素质评估体系的实施

1. 教育者培训与意识提升

学生综合素质评估的实施需要教育者具备相应的评估理念和方法。因此，学校和教育机构应开展教育者培训，提升其评估意识和操作能力，使其能够更好地推动学生综合素质评估的实施。

2. 建设评估信息系统

为了更便捷、高效地进行学生综合素质评估，学校可以建设评估信息系统。这个系统可以整合学生在学科知识、实践能力、个性发展等方面的评估信息，为学生综合素质的跟踪和管理提供支持。

3. 激励机制的建立

为了激发学生对综合素质发展的积极性，学校可以建立相应的激励机制。这包括设立奖学金、荣誉称号、学科竞赛等多样化的激励方式，以及通过将评估结果与学生综合素质的实际发展情况相结合，为学生提供更个性化的激励方案。

4. 家校合作

学生的综合素质涉及学校和家庭两个重要领域，因此需要加强家校合作。学校应与家长密切沟通，将学生在学校的表现与在家庭中的情况相结合，形成更全面的评估。

5. 社会资源的整合

学校可以整合社会资源，与社会各界建立紧密联系。引入社会专业人士参与评估，借助社会实践和实习等方式，让学生更好地融入社会，提升其社会适应能力。

学生综合素质评估是一项复杂而长期的工作，但它也为培养更具综合素质的人才提供了重要的支持。未来，学校和教育机构可以通过不断改进评估体系，探索更有效的评估手段，以适应社会对多元化、全面发展人才的需求。

二、学生反馈与课程改进机制

学生反馈与课程改进机制是高等教育中至关重要的一环，它通过收集学生的意见和建议，为教育机构提供了重要的改进方向。本节将探讨学生反馈的意义、建立有效反馈机制的方法以及如何将反馈结果转化为实际的课程改进行动。

（一）学生反馈的意义

1. 提升教学质量

学生是课堂教学的直接参与者，他们的反馈能够直观地反映出教学过程中的问题和优势。通过收集学生的意见，教育机构可以了解到哪些方面需要改进，进而提升教学质量。

2. 促进教育创新

学生反馈有助于发现教学中的创新点和亮点。教育机构可以通过了解学生的反馈，找到一些值得推广的教学方法或者内容，从而促进整体的教育创新。

3. 增强学生参与感

建立学生反馈机制能够增强学生的参与感和归属感。学生意识到自己的反馈是被认真关注和采纳的，将更加积极地参与到学校生活和学术活动中。

4. 满足个性化需求

不同学生有不同的学习需求和兴趣点，通过学生反馈，教育机构能够更好地了解到学生的个性化需求，有针对性地进行课程设计和改进。

（二）建立有效的学生反馈机制

1. 匿名性与隐私保护

为了确保学生能够真实、坦诚地表达意见，学生反馈机制应该保证匿名性，并采取措施保护学生的隐私。这样可以鼓励学生更加开放地分享对课程的看法。

2. 多渠道收集反馈

学生反馈机制不应仅仅局限于一种形式，而应该采用多种渠道进行收集，包括在线调查、面对面座谈、电子邮件等方式。多渠道的反馈有助于综合考量，更全面地了解学生的观点。

3. 定期反馈与即时反馈结合

学生反馈不应仅限于学期末或学年末，而是应该建立起定期的反馈机制。此外，可以通过即时反馈的方式，及时了解学生在课堂上的感受，以便及时调整和改进。

4. 设立激励机制

为鼓励学生积极参与反馈，可以设立相应的激励机制，比如设置反馈奖励、参与评选优秀反馈的学生等。这有助于激发学生的参与积极性。

5. 建立专业团队负责

学生反馈的收集和处理需要专业的团队来负责，确保反馈的准确性和实用性。这个团队可以由教育研究人员、心理学专家等组成，对反馈数据进行科学分析。

（三）将学生反馈转化为课程改进行动

1. 制订改进计划

根据学生的反馈，教育机构需要制订具体的改进计划。这包括对某些具体问题的解决方案、对整体课程结构的优化等。计划应当具体可行，能够明确实施步骤和责任人。

2. 持续监测与调整

改进计划的执行不应是一次性的，而是需要进行持续的监测与调整。通过收集实施后的效果，及时对计划进行修订，确保改进的有效性。

3. 引入试点项目

在课程改进中，可以引入一些试点项目。通过试点，可以更灵活地测试新的教学方法、内容或者评估方式，了解其在实际应用中的效果，再进行全面推广。

4. 教师培训与支持

在进行课程改进的同时，需要给予教师足够的培训和支持。教师是改进的执行者，他们的专业素养和能力对改进的成功至关重要。

5. 建立反馈闭环

学生反馈不是一次性的活动，而应该建立起一个持续循环的反馈机制。及时了解学生的反馈，及时做出调整，形成一个良性循环，不断提升课程质量。

学生反馈与课程改进机制是高等教育中一项至关重要的工作。通过建立有效的反馈机制，能够及时了解学生对教学的感受和期望，为课程改进提供科学依据。在未来，随着技术的发展、国际化合作的加强以及全球教育理念的演进，学生反馈与课程改进机制将迎来更多创新与发展，共同推动高等教育向着更为贴近学生需求、更具国际竞争力的方向前进。

第五节　学生创新与创业能力培养

一、创新教育的理念与实践

随着社会的快速发展和科技的不断进步，传统教育模式逐渐显露出其局限性，引发了对教育体系的思考与改革。在这个背景下，创新教育成为备受关注的话题。创新教育不仅是一种教育理念，更是一种教育实践的方式，旨在培养学生的创造力、批判性思维和解决问题的能力。本节将从创新教育的理念出发，深入探讨创新教育的实践，以及这一理念与实践对学生综合素养的影响。

（一）创新教育的理念

创新教育的理念核心是注重培养学生的创造力和创新能力。传统教育往往过于强调对知识的传授，忽视了学生独立思考和创造的能力。创新教育则提倡通过激发学生的好奇心、培养解决问题的能力，使其具备更强的创新思维和实际操作能力。

1. 激发学生的好奇心

创新教育强调激发学生的好奇心，通过提出引人入胜的问题、设计吸引人的实践活动，引导学生主动追求知识。通过好奇心的引导，学生更容易在学习中保持积极性，培养他们主动学习的习惯，为日后的创新打下基础。

2. 培养解决问题的能力

创新教育注重培养学生解决问题的能力，而不仅仅是传授解决问题的方法。通过实际问题的引导，学生需要主动思考、分析问题，并提出创新性的解决方案。这种培养方式有助于锻炼学生的批判性思维，使其具备在复杂环境中独立思考和解决问题的能力。

3. 创新教育与跨学科融合

创新教育的理念还体现在跨学科融合的思想上。传统学科划分可能导致学生对知识的片面理解，而创新教育倡导将不同学科融合在一起，培养学生的综合素养。通过跨学科的学习，学生更容易形成全局性的思考，有利于创造性问题的解决。

（二）创新教育的实践

创新教育的理念需要通过具体的实践来体现。下面将介绍几种创新教育的实践方式，以及这些方式对学生的影响。

1. 项目式学习

项目式学习是创新教育的一种重要实践方式。在项目式学习中，学生通过参与真实世界的项目，从中获取知识、锻炼技能，培养解决实际问题的能力。项目式学习强调合作、实践和反思，有助于学生将学到的知识应用于实际情境中，培养他们的实际操作能力。

2. 设计思维

设计思维是一种强调从用户出发、通过不断迭代的方式解决问题的思考方式。在教育中引入设计思维，可以培养学生的创造力、沟通能力和解决问题的能力。通过设计思维的实践，学生将学会关注问题的本质，通过不断尝试与反馈，找到更好的解决方案。

3. 制造商教育

制造商教育是一种注重实际动手操作和实践的教育方式。通过制造各种产品，学生可以学到从设计到制造的全过程，培养他们的创新意识和动手能力。制造商教育强调实践，使学生更好地理解和掌握知识，促使他们从被动接受变为主动探究。

4. 创客教育

创客教育是创新教育的一种典型实践方式，强调学生通过动手实践、自主创作来培养创新能力。创客教育鼓励学生参与各种创意项目，通过亲身实践来理解和应用知识。这种实践方式能够激发学生的学习兴趣，培养他们的团队协作和解决问题的能力。

（三）创新教育对学生的影响

创新教育的理念和实践对学生的综合素养产生了积极的影响。

1. 培养学生的创造力

创新教育注重培养学生的创造力，通过激发好奇心、项目式学习、设计思维、制造商教育和创客教育等实践方式，学生在实际操作中不断面对挑战和解决问题的过程中，激发了创造性思维。学生在项目中需要提出新颖的观点、设计独特的方案，这些过程促使他们逐渐培养了创新意识和创造性思考的能力。

2. 培养学生的批判性思维

创新教育不仅要求学生在实践中解决问题，还要求他们在解决问题的过程中进行批判性思考。例如，在项目式学习中，学生需要不断反思自己的解决方案，思考其中的优势和不足之处。设计思维强调的用户体验和反馈也促使学生从多个角度审视问题，培养了他们的批判性思维和问题分析的能力。

3. 培养学生的团队协作能力

创新教育往往强调团队协作，因为在真实的工作场景中，创新往往是多个领域的专业人才协同工作的结果。项目式学习、创客教育等实践方式都鼓励学生与他人合作，共同解决问题。这有助于培养学生的团队协作和沟通能力，使其更好地适应未来的工作环境。

4. 培养学生的实际操作能力

创新教育强调的实践性质有助于学生将抽象的理论知识转化为实际操作能力。制造商教育和创客教育中的动手操作、设计思维中的原型制作，都让学生在实际中学以致用。这种实际操作的经验使学生更容易理解和掌握知识，为他们未来的职业发展打下坚实的基础。

5. 促进学生全人发展

创新教育不仅注重学科知识的传授，更关注学生的全人发展。通过培养学生的创造力、批判性思维、团队协作和实际操作能力，创新教育助力学生在多方面得到全面的发展。学生在实践中培养的自主学习和解决问题的能力，将为他们未来不断适应社会发展和职业需求提供强大支持。

创新教育的理念与实践对教育体系的革新起到了积极的推动作用。通过激发学生的好奇心、培养解决问题的能力以及实施项目式学习、设计思维、制造商教育和创客教育等实践方式，创新教育在培养学生的创造力、批判性思维、团队协作和实际操作能力等方面取得了显著的成效。

然而，要实现创新教育的目标，还需要克服一些挑战，如教育资源的不平衡、教师培训的不足以及评价体系的落后等。只有在多方共同努力下，创新教育的理念与实践才能更好地服务于学生的全面发展，推动整个教育体系朝着更为灵活、创新和可持续的方向发展。

二、创业能力培养的课程设计与实施

随着社会经济的不断发展,创业精神和创业能力被认为是当代社会中一种重要的素质。创业不仅仅是创立新的企业,更包括在各种情境下灵活运用资源、解决问题的能力。因此,为了培养学生的创业能力,许多教育机构纷纷引入了创业教育课程。本节将从创业能力培养的必要性入手,深入探讨创业能力培养课程的设计与实施,以期为提升学生综合素质和创新能力提供理论和实践指导。

(一)创业能力培养的必要性

创业能力是指个体在创办新企业或在组织中创造价值的能力,它不仅包括商业创新,还包括组织创新和社会创新。创业能力培养在当今社会中具有重要的意义。

1. 适应社会发展需求

随着科技的不断进步和市场的不断变化,社会对具备创新能力的人才的需求日益增加。创业能力培养使学生能够更好地适应社会发展的需求,能够在面对未知和不确定的情境中迅速做出反应,提高自身的适应性。

2. 培养创新精神

创业不仅仅是创立新企业,更是一种创新的过程。创业能力培养的目标之一是培养学生的创新精神,使他们能够在工作和生活中提出新的观点、新的解决方案,并勇于尝试和实践。

3. 增强自主创业的能力

创业能力培养使学生具备自主创业的能力,能够通过自己的努力和智慧创造更多的价值。这不仅对个人的职业发展有益,同时也为社会创造了更多的就业机会和创新成果。

4. 培养团队协作意识

创业往往需要团队的协同合作,而团队协作是创业能力的重要组成部分。通过创业能力培养,学生将更好地理解和适应团队工作的模式,培养团队协作意识,提高团队解决问题的能力。

(二)创业能力培养课程的设计

创业能力培养课程的设计需要考虑到多方面的因素,包括课程目标、教学内容、教学方法、评价方式等。下面将从这几个方面进行详细讨论。

1. 课程目标的设定

创业能力培养课程的目标是培养学生的创业能力,因此课程目标的设定应该明确、具体、可操作。可以设定包括但不限于以下几个方面的目标:

提升学生的创新思维和创造力；

培养学生的团队协作和沟通能力；

增强学生的市场洞察力和商业敏感度；

提高学生的风险意识和决策能力；

帮助学生理解创业过程中的法律、财务和管理等基本知识。

2. 教学内容的选择

创业能力培养课程的教学内容应该紧密结合创业实践和理论知识，使学生既能够了解创业的基本原理，又能够在实践中运用所学知识。教学内容可以包括但不限于以下几个方面：

创业思维和创新管理；

商业计划书的编写与评估；

创业中的法律、财务和人力资源管理；

市场分析与市场推广；

创业过程中的风险管理和决策分析。

3. 教学方法的选择

创业能力培养课程的教学方法应该注重实践性和交互性，使学生能够在课堂上积极参与，通过实际操作提高创业能力。常用的教学方法包括以下几种：

项目式学习。通过参与真实项目，让学生在实践中学习创业技能。

案例教学。通过分析实际创业案例，使学生了解创业中可能面临的问题和挑战。

创业实训。组织学生参与模拟创业活动，提高其实际操作能力。

实地考察。组织学生参观实际创业企业，了解实际创业环境和经验。

4. 评价方式的建立

创业能力培养课程的评价方式应该综合考虑学生的理论知识和实际应用能力。评价方式可以包括但不限于以下几个方面：

项目报告。要求学生完成一个创业项目，并提交详细的报告，包括商业计划、市场分析、财务预测等。

团队合作评价。评估学生在团队合作中的表现，包括沟通能力、团队协作和分工合作等。

案例分析论文。要求学生选择一个实际创业案例进行深入分析，展示他们对创业理论和实践的理解。

创业计划口头展示。要求学生通过口头展示方式向全班或专业人士介绍他们的创业计划，评估他们的表达能力和逻辑思维能力。

（三）创业能力培养课程的实施

创业能力培养课程的实施需要考虑到课程的组织、教学资源的配置、师资队伍的建设等方面。下面将从这几个方面进行详细探讨。

1. 课程组织与设置

创业能力培养课程的组织应该具有系统性和层次性，确保学生能够逐步深入了解创业理论和实践。可以设置初级创业课程、中级创业课程和高级创业课程，逐步引导学生深入创业领域。在初级课程中，可以注重创业基础知识的传授，让学生了解创业的基本流程和要素；在中级课程中，可以引导学生参与实际创业项目，提升其实际操作能力；在高级课程中，可以着重培养学生的创新思维和战略规划能力。

2. 教学资源的配置

为了保障创业能力培养课程的顺利进行，需要合理配置各类教学资源，包括但不限于：

创业导师。拥有丰富创业经验的导师可以为学生提供实用的指导和建议，帮助学生更好地理解创业的本质。

创业实践基地。与企业合作，提供学生实地参观和实践的机会，让学生亲身体验创业环境。

创业网络。建立与创业企业、创投机构等的联系，为学生提供更广阔的创业资源。

3. 师资队伍的建设

创业能力培养课程需要教师具备创业实践经验和相关专业知识，以更好地引导学生。可以通过以下方式来建设师资队伍：

邀请企业家、成功创业者作为客座讲师，分享他们的创业经验；

培训教师的创业知识和实践能力，提高其对创业领域的理解和把握；

建立教师交流平台，促进教师之间的互动与合作。

4. 实践活动的开展

创业能力培养课程的实施应该注重实践活动的开展，让学生在实际操作中提升创业能力。可以通过组织创业比赛、实地考察、创业实训等方式，为学生提供更多的实践机会。同时，鼓励学生参与创业孵化计划、创业营地等实践项目，将理论知识与实际操作相结合，加深学生对创业过程的理解。

创业能力培养课程的设计与实施是促进学生全面发展、提高综合素质的有效手段。通过设定明确的目标、选择合适的教学内容、采用多样化的教学方法和评价方式，创业能力培养课程能够更好地满足社会对人才的需求，培养学生成为具备创业精神和实际操作能力的专业人才。在实施过程中，要注重与实际创业环境的结合，通过创业实践活动激发学生的学习兴趣和创新能力，为其未来的职业发展奠定坚实的基础。

第七章　高校劳动教育课程评估与质量保障

第一节　评估的概念与原则

一、课程评估与劳动教育目标的对应

劳动教育作为培养学生综合素质、培养实践能力的一项重要任务，需要通过科学有效的课程设计和评估体系来实现其教育目标。课程评估是教育质量保障和提升的关键环节，而劳动教育目标的明确性和可操作性将直接影响评估的有效性。本节将探讨课程评估与劳动教育目标的对应关系，深入分析如何通过评估手段和方法来实现对劳动教育目标的有效衡量。

（一）劳动教育目标的概述

劳动教育旨在培养学生的实际动手能力、创造性思维、团队协作精神和终身学习的态度，使他们能够更好地适应未来社会和职业发展的需要。劳动教育的目标通常包括但不限于以下几个方面：

1. 实际动手能力

劳动教育旨在培养学生的实际动手能力，使其能够熟练掌握一定的手工技能、操作技能，具备解决实际问题的实际能力。这方面的目标包括培养学生对工具、材料的熟练运用，使其在实际工作中能够灵活应对。

2. 创造性思维

劳动教育追求的不仅仅是机械性的技能培养，更包括对问题的创造性思考和创新能力的培养。劳动教育的目标之一是激发学生的创造性思维，培养他们对问题的独立见解和解决问题的创意能力。

3. 团队协作精神

在实际工作中，团队协作是至关重要的。劳动教育的目标之一是培养学生的团队协作精神，使他们能够有效地与他人合作，共同完成任务。这涉及学生在团队中的沟通、协调和领导等方面的能力。

4.终身学习的态度

劳动教育旨在培养学生具备终身学习的态度，使其能够在职业生涯中不断学习和适应新的知识和技能要求。这需要学生具备主动学习的意愿、学习方法的掌握，以及持续学习的习惯。

（二）课程评估的基本框架

课程评估是通过系统的评价手段和方法，对课程的质量、效果和教学过程进行全面的检查和分析，以提高教育质量和实现教育目标。课程评估的基本框架包括以下几个方面：

1.课程目标的明确

在课程设计阶段，必须明确课程的教育目标。这些目标应该是可操作的、具体的，有助于指导后续的教学活动。对劳动教育而言，这些目标需要包括实际动手能力、创造性思维、团队协作精神和终身学习的态度等方面。

2.教学活动的设计

教学活动是实现课程目标的关键环节。在课程评估的基本框架中，需要关注教学活动的设计是否与课程目标相匹配。对劳动教育而言，教学活动应该注重实际操作，激发学生创新思维，培养团队协作意识，并促使学生形成终身学习的习惯。

3.教学资源的配置

评估课程还需要关注教学资源的配置是否合理。这包括教材、设备、师资等方面的资源。在劳动教育中，需要确保学生有足够的实际动手机会、有足够的团队协作机会，以及有足够的创新思维的培养机会。

4.学生评价的建立

学生评价是课程评估的一个重要环节。通过学生的反馈，可以了解课程的实际效果，从而进行针对性的改进。在劳动教育中，学生评价可以涵盖实际动手的满意度、团队协作的体验、创新思维的培养等方面。

5.教学效果的分析

最终，课程评估需要对整个教学效果进行分析。这包括学生在实际动手、创造性思维、团队协作、终身学习等方面的表现。通过收集和分析学生的实际成果、项目报告、团队合作情况以及学习态度等数据，评估课程是否达到了预期的教育目标。

（三）课程评估与劳动教育目标的对应关系

在劳动教育中，课程评估需要与教育目标密切对应，确保评估的结果能够客观地反映课程对学生的影响。以下是课程评估与劳动教育目标的对应关系的具体分析：

1. 对应关系的建立

首先，需要建立明确的对应关系。具体而言，就是将劳动教育的目标与课程设计中的具体内容、教学活动、评价方式等一一对应起来。例如，如果劳动教育的目标是培养学生的实际动手能力，那么课程设计中应该有充分的实际操作环节，评价方式也应该能够客观地反映学生的实际操作水平。

2. 实际动手能力的评估

在劳动教育目标中，实际动手能力是一个重要的方面。课程评估可以通过实际操作的项目、作业、实验等来考查学生的实际动手水平。评估手段可以包括操作技能的考核、项目成果的展示、实际工作场景的模拟等方式，以确保学生在课程学习中真正掌握实际动手能力。

3. 创造性思维的评估

培养创造性思维是劳动教育目标之一。在课程评估中，可以通过学生的创意作品、解决问题的创新方案、对实际工作过程的改进等来考查学生的创造性思维。评估手段可以包括创新项目的设计、创意作品的展示、问题解决的分析报告等方式，以全面了解学生在创新思维方面的表现。

4. 团队协作精神的评估

团队协作是劳动教育目标中的重要内容。在课程评估中，可以通过学生参与的团队项目、团队合作的过程、团队协作能力的展示等来考查学生的团队协作精神。评估手段可以包括团队项目的成果、团队协作的评价、团队内部沟通与协调的记录等方式，以了解学生在团队协作方面的发展情况。

5. 终身学习态度的评估

终身学习态度是劳动教育目标中的一项重要素质。在课程评估中，可以通过学生的学习计划、自主学习的总结、对新知识的主动获取等来考查学生的终身学习态度。评估手段可以包括学生学习日志、学习计划的执行情况、自主学习的反馈等方式，以全面了解学生在终身学习方面的态度和行为。

6. 评估结果的反馈与改进

课程评估的最终目的是通过评估结果的反馈来进行教学的改进。通过学生的表现和反馈，教师可以了解到课程的亮点和不足之处，以便调整和改善教学策略。在与劳动教育目标的对应中，评估结果反馈的关键是将学生的表现与设定的目标进行比较，找出存在的差距，然后制定相应的改进措施。

7. 教师反思和专业发展

除了改进课程设计和教学策略外，课程评估还为教师提供了机会进行反思和专业发展。

通过观察学生在不同方面的表现，教师可以更清晰地认识到自己的教学风格是否适应学生的需求，是否需要进一步提升自己的教学技能。这种反思有助于教师更好地适应变化的教育环境，并推动其在专业领域的进一步发展。

8. 持续改进与质量保障

课程评估是一个持续改进的过程。通过不断地进行评估和反馈，教师和教育机构可以逐步完善课程设计，提高教育质量。在劳动教育中，持续改进的关键是紧密关联评估结果和劳动教育目标，确保评估的内容和方法能够全面反映学生在实际动手、创造性思维、团队协作和终身学习方面的发展。

课程评估与劳动教育目标的对应是实现劳动教育效果的关键环节。通过建立明确的对应关系，合理选择评估手段和方法，教育机构可以更全面、客观地了解学生在劳动教育中的表现，为持续改进提供有力的支持。在评估过程中，需要注重实际动手能力、创造性思维、团队协作精神和终身学习态度等方面的评价，确保评估的全面性和多维度性。同时，评估结果的反馈不仅有助于改进课程设计和教学策略，也给教师的专业发展提供了有益的参考。通过不断的评估与改进，劳动教育可以更好地发挥其培养学生实际能力和素质的作用，为学生的职业发展奠定坚实基础。

二、评估的基本原则与伦理

评估是教育领域中至关重要的一环，它涉及对学习成果、教学效果及整体教育质量的检查和判断。在进行评估时，必须遵循一系列的基本原则和伦理准则，以确保评估的公正性、可靠性、有效性和合法性。本节将深入探讨评估的基本原则与伦理，探讨在教育和其他领域中进行评估时应当考虑的伦理问题，并分析如何在实践中贯彻这些原则。

（一）评估的基本原则

1. 公正性

公正性是评估的基本原则之一，指评估过程中每个受评者都应该有平等的机会，不受任何不公正的对待。评估工具和程序应该对所有受评者公平公正，避免因个人特征、背景或其他因素而对其评价产生偏见。公正性要求评估者不受主观情感或个人立场的影响，确保评估结果真实客观。

2. 可靠性

可靠性是评估的另一基本原则，指评估工具和程序应该在不同的情境下，不同的评估者之间具有稳定的结果。一个可靠的评估工具应该在多次使用中能够产生一致的结果，而不受干扰或误差的影响。可靠性的提高可以通过标准化评估工具、培训评估者和规范评估程序等方式来实现。

3. 有效性

评估的效度是其有效性的关键。效度是指评估工具和程序是否能够准确地测量其所要衡量的对象或能力。一个有效的评估工具应该能够全面而准确地反映被评估者的学习成果或素质。在评估设计中，需要确保评估内容与教学目标紧密对应，以提高评估的效度。

4. 可操作性

评估的可操作性指的是评估工具和程序的实施是否方便，是否易于管理和执行。可操作性关注评估的实际可行性，避免烦琐复杂的程序和工具，以提高评估的效率。在设计评估方案时，需要考虑到实际应用的可操作性，使评估工作更加地顺利进行。

5. 透明性

透明性是评估的基本原则之一，指评估的目标、标准、程序和结果应该对受评者和评估参与者透明可见。透明性有助于建立评估的信任度，确保评估过程的公开和可理解性。评估者应当清晰地传达评估的目的和标准，确保受评者能够理解评估的标准和依据。

（二）评估的伦理问题

1. 隐私权和保密性

在评估中，涉及个体的隐私权和个人信息的保密性是一个重要的伦理问题。评估者需要确保评估过程中搜集的个体信息得到妥善保管，不会被滥用或泄露。在使用技术工具进行评估时，也需要注意数据的安全性和隐私保护。

2. 公平对待

公平对待是评估中不可忽视的伦理问题。评估者需要确保在评估过程中每个受评者都有平等的机会，不受不公正的对待。这包括避免歧视、提供必要的支持和调整，以确保每个受评者都有公平的评估机会。

3. 利益冲突

评估者和受评者之间可能存在利益冲突的情况，如评估者可能受到外部利益的影响，导致评估结果的失真。评估者需要在评估过程中保持独立、客观，避免利益冲突对评估结果的干扰。

4. 透明度和沟通

评估的透明度和沟通是伦理问题的关键。评估者需要清晰地向受评者传达评估的目的、标准和结果，确保受评者对评估过程有清晰的认识。透明的沟通有助于建立信任关系，减少信息不对称引起的疑虑。

5. 个体尊重和权利

评估者需要尊重每个受评者的个体权利和尊严。这包括尊重受评者的意愿参与评估、保障他们的知情权、尊重他们的文化和价值观。在评估中，应当避免侵犯受评者的人权和基本自由。

6. 结果的使用和解释

评估结果的使用和解释也是伦理问题的一部分。评估者需要确保评估结果在使用和解释时是公正、客观的，不被误解或滥用。评估结果应当在合适的背景下进行解释，避免片面或武断的结论。此外，评估结果的使用应当符合公共利益，不应被个人或组织用于不当用途。

7. 共享和使用数据的透明性

在数字化时代，评估中涉及大量数据的收集和处理。评估者需要保障数据的透明性，明确数据的来源、用途、处理方式以及共享和存储的安全性。受评者对个人数据的授权和知情权也需要得到尊重。

8. 对弱势群体的特殊保护

评估中可能涉及弱势群体，如儿童、残障人士、社会经济较为弱势的群体等。评估者需要特别关注这些群体，确保评估过程中不加剧其不平等地位，同时需要提供额外的支持和保护措施，以维护其合法权益。

（三）伦理原则在实践中的应用

1. 建立专业的评估团队

在评估过程中，建立由专业人士组成的评估团队是确保评估公正性和有效性的关键。评估者需要具备专业的背景和经验，以保证评估过程的专业性和客观性。此外，团队成员之间应当建立有效的沟通机制，共同遵循伦理准则。

2. 制定明确的评估标准和程序

在评估设计阶段，需要明确评估的目标、标准和程序，以保证评估的公正性和有效性。明确的评估标准有助于避免主观评价和不公正对待。评估者应当在评估之前对标准和程序进行充分培训，以确保评估工作的一致性和可靠性。

3. 保障受评者的知情权和参与权

评估者应当尊重受评者的知情权和参与权。在评估前，评估者应向受评者清晰地传达评估的目的、流程、标准和可能的结果，确保受评者能够理解评估的内容和影响。受评者有权选择是否参与评估，并在参与中有权提出疑虑和反馈。

4. 保护个体隐私和数据安全

评估者需要制定和遵循相关的隐私和数据安全政策，确保个体的隐私得到妥善保护。在数据收集、存储和处理的过程中，需要采取合适的措施，防范数据泄露和滥用的风险。评估者还需要在使用技术工具进行评估时，确保这些工具符合相关的隐私法规和标准。

5. 提供有效的反馈和支持

在评估结束后，评估者应当向受评者提供清晰、具体且有针对性的反馈。这有助于受评者理解自己的优势和改进的方向。对于可能存在的问题，评估者还应提供适当的支持和建议，帮助受评者进一步发展。

6. 定期评估评估过程

评估者需要建立一个定期评估评估过程的机制，对评估工作本身进行定期审查和反思。这有助于发现并纠正评估过程中可能存在的问题，提高评估的质量。此外，对于有争议的评估结果，也应提供申诉机制，确保受评者有途径表达异议。

评估的基本原则与伦理是确保评估公正、可靠、有效的基石。在教育领域以及其他领域，评估者需要在实践中贯彻这些原则，确保评估过程的透明性、公正性、可操作性和有效性。在数字化时代，评估者还需要特别关注隐私权、数据安全等伦理问题，采取相应的措施保障个体权益。通过建立专业的评估团队、制定明确的评估标准和程序、保障受评者的知情权和参与权等方式，可以在实践中有效贯彻伦理原则，提高评估的质量，为教育和社会发展提供有力的支持。

第二节　课程评估的方法与工具

一、定性与定量评估方法的选择

评估是一个系统的过程，通过搜集、分析和解释信息来评估一个项目、政策或活动的效果、成果和影响。在评估的过程中，研究者需要选择适当的评估方法来收集数据，以便更好地了解研究对象。在评估方法的选择中，定性和定量方法是两种常见的方法论。本节将深入讨论定性与定量评估方法的特点、优势与劣势，并探讨如何在实际应用中进行灵活的选择与结合。

（一）定性评估方法

1. 定性评估的特点

定性评估主要侧重于质性数据的收集和分析，强调对研究对象的深入理解和解释。定性研究方法包括但不限于参与观察、深度访谈、焦点小组讨论、文本分析等。这些方法通过描述、解释和理解人类行为、观点和经验，揭示研究对象背后的意义和深层次的现象。

2. 定性评估的优势

（1）深度理解：定性评估可以提供深度的理解和揭示研究对象的复杂性。研究者可以通过深入的观察和访谈，捕捉到丰富的细节和背后的社会、文化背景。

（2）灵活性：定性研究方法更加灵活，适用于研究主题较为开放、尚未被充分理解的领域。研究者可以根据实际情况灵活调整研究设计和方法。

（3）偏重过程：定性评估注重研究过程，关注参与者的经验和感受，有助于理解事件、过程和交互作用的动态性。

3.定性评估的劣势

（1）主观性：由于定性评估侧重于主观解释，研究者的主观偏见可能对研究结果产生影响，结果的可靠性和客观性受到挑战。

（2）通用性：由于定性研究结果通常是案例性的、局部性的，一般难以推广到整体群体，其通用性相对较弱。

（3）数据分析挑战：定性数据的分析相对主观，常常需要研究者具有较强的主观判断力和分析技能，以确保结果的可靠性。

（二）定量评估方法

1.定量评估的特点

定量评估主要关注数量化的数据，采用统计方法来对研究对象进行测量和分析。定量研究方法包括实验研究、问卷调查、统计分析等。定量评估通过数值化的方式收集数据，强调客观、可重复、量化的研究结果。

2.定量评估的优势

（1）可量化：定量评估结果可以用具体的数字表示，便于比较和总结，有助于建立普遍性的理论和规律。

（2）客观性：定量研究强调客观性，减少了研究者主观偏见的影响，提高了研究结果的可信度。

（3）通用性：定量研究的结果通常具有较强的通用性，可以推广到相似群体和场景，提高了研究的外部效度。

3.定量评估的劣势

（1）简化复杂性：定量研究可能简化了复杂的现实情境，无法深入理解参与者的背后动机、情感和观点。

（2）忽略过程：定量评估通常较多关注结果，较少关注研究过程中的细节和背后的机制。

（3）有限灵活性：定量研究方法在研究设计和数据收集方面较为固定，相对缺乏灵活性，难以适应开放性研究主题。

（三）定性与定量方法的结合

1. 混合研究设计

混合研究设计是将定性和定量方法有机地结合起来，以弥补各自方法的不足。研究者可以在研究中既采用定性方法进行深度探讨，又运用定量方法进行广泛调查，从而获得更全面的数据。

2. 序列解释设计

序列解释设计是混合研究设计的一种，强调定性和定量方法的交替使用。首先进行定性研究，然后根据定性研究的结果设计定量研究，以验证或推广定性研究的发现。

3. 并行设计

并行设计是指在同一时期内同时进行定性和定量研究，最终将两者的结果整合起来。这种设计有助于在同一研究中获得丰富的数据，从不同角度深入理解研究对象。

4. 嵌套设计

嵌套设计是在定性研究的基础上，嵌入定量研究。定性研究可能为定量研究提供理论框架或假设，然后使用定量方法进行更大规模的验证。

5. 转换设计

转换设计是一种通过在研究过程中转换数据类型（定性转定量或定量转定性）来进行混合研究的设计。这种设计可以通过多种方式实现，如从开放式问卷中提炼主题进行深度访谈，或将定性调查结果量化以支持定量分析。

6. 创新案例研究

创新案例研究是混合研究的一种形式，旨在通过将定性和定量方法相互交叉来深入研究特定主题。这种设计通常利用不同类型数据的互补性，以获取更全面的理解。

（四）选择方法的考虑因素

1. 研究问题

研究问题是选择定性还是定量方法的关键因素之一。如果研究问题更侧重于了解现象的深层次含义、参与者的经验和观点，那么定性方法可能更为合适。如果研究问题需要量化、测量和验证，定量方法可能更适用。

2. 研究目的

研究目的也是选择方法的重要因素。如果研究的主要目的是探索、描述和理解，那么定性方法可能更合适。而如果研究的目的是验证假设、比较群体差异，或者量化影响，那么定量方法可能更为恰当。

3. 数据类型

考虑研究对象和研究问题所涉及的数据类型。如果数据是非结构化的、富有信息量的文字、图像或声音，定性方法更适合；如果数据可以量化为数字，定量方法更适用。

4. 研究设计

研究设计也会影响方法的选择。一些研究设计可能更容易融合定性和定量方法，而另一些设计可能更适合专注于其中一种方法。

5. 研究者的经验与能力

研究者的经验和能力也是一个考虑因素。研究者熟悉的方法更容易操作，并能更好地应对方法带来的挑战。有时候，研究者可能选择混合研究设计，以充分发挥定性和定量方法的优势。

6. 资源

研究所拥有的资源也是一个决定因素。定性研究可能需要更多的时间和深入的参与，而定量研究可能需要更多的经费和技术支持。研究者需要考虑项目的预算、时间和人力资源。

定性与定量评估方法各有其独特的特点、优势与劣势。在实际应用中，研究者需要根据研究问题、研究目的、数据类型、研究设计以及自身的经验和资源等多方面因素综合考虑，选择适当的评估方法。同时，混合研究设计为整合定性和定量方法提供了强大的工具，使研究者能够充分发挥两种方法的优势，以更全面、深入地理解研究对象。在实践中，选择合适的方法是研究设计成功的关键之一，研究者应具备跨学科的思维，根据具体情况灵活运用不同的方法，以取得更为丰富和可信的研究结果。

二、学生参与评估的实际操作

学生参与评估是一种强调学生在教育过程中发挥主动作用的重要实践。传统上，教育评估主要由教师和教育机构进行，而学生往往只是被动的接受者。然而，随着对教育体系的不断反思和改革，学生作为教育主体的地位逐渐受到重视。学生参与评估的实际操作是一个复杂而富有挑战性的过程，涉及评估工具的设计、学生培训、反馈机制的建立等方面。本节将深入探讨学生参与评估的实际操作，探讨其中的挑战、机遇及最佳实践。

（一）学生参与评估的定义与意义

1. 学生参与评估的定义

学生参与评估是指学生在教育评估过程中扮演更为积极和主动的角色，包括对自身学习成果、学校环境、教学质量等方面进行评价和提供意见的过程。学生参与评估不仅仅是一种参与性的手段，更是一种使学生在教育过程中获得实际经验、培养批判性思维和自主学习能力的途径。

2. 学生参与评估的意义

学生参与评估的意义在于激发学生的学习动机，增强他们对学校生活和教学质量的责任感，提高他们的学习效果和满意度。通过学生的参与，教育机构可以更全面、真实地了解教学过程中的问题和优势，有针对性地改进教学方法和课程设计。同时，学生参与评估也有助于培养学生的自我管理和团队协作能力，为其未来的职业和社会参与打下基础。

（二）学生参与评估的实际操作

1. 评估工具的设计

评估工具是学生参与评估的关键环节之一。设计有效的评估工具需要考虑到评估的目的、内容和形式。常见的评估工具包括问卷调查、小组讨论、反馈会议、学生日记等。在设计工具时，需要确保工具既能够收集到定量数据，又能够获取学生的主观感受和建议，以便更全面地了解学生的看法。

2. 学生培训与引导

为了确保学生能够理解评估的目的，正确使用评估工具，学生培训与引导是必不可少的。培训内容包括评估工具的使用方法、评估的重要性、如何提供有建设性的反馈等。通过培训，学生可以更好地参与到评估过程中，确保他们的反馈更具有实质性和指导性。

3. 反馈机制的建立

建立有效的反馈机制是学生参与评估的另一个关键环节。学生需要知道他们的反馈不仅仅是被听取了，而且对学校和教师的决策和改进有实际的影响。因此，建立及时的反馈机制，向学生展示他们的参与是被重视的，有助于增强学生的参与积极性。

4. 教师的支持和合作

教师在学生参与评估中扮演着重要的角色。他们需要支持学生参与评估的主张，鼓励学生表达真实看法。同时，教师也可以与学生合作，共同制定评估目标、设计评估工具，以确保评估过程的合理性和可行性。教师的积极参与有助于构建一个积极向上的评估氛围。

5. 创造开放的沟通环境

学生参与评估需要在一个开放、互动的沟通环境中进行。学校和教师需要创造一个鼓励学生表达意见和建议的氛围，确保学生在评估中不受到惩罚或负面影响；建立多层次、多渠道的沟通机制，以确保学生的声音能够被充分听到。

6. 制订明确的评估计划

学生参与评估需要有一个明确的计划和时间表。在学期开始时，可以向学生介绍评估的计划和目标，让学生了解何时何地会进行评估。同时，也需要明确评估结果的使用方式和决策过程，以提高学生对评估的信任度。

（三）学生参与评估的挑战与应对策略

1.挑战：学生对评估的理解和参与意愿不足。

在一些情况下，学生可能对评估的目的和影响产生误解，或者对参与评估缺乏积极性。这可能是由于对评估过程不了解、对自己的反馈不够自信，或者认为自己的意见无法改变教学和学校的现状等原因。

应对策略：提前沟通与培训。

在评估开始之前，进行充分的宣传和沟通，向学生解释评估的目的、意义以及他们的参与对学校和自身的改进有何益处。同时，通过培训课程或工作坊，帮助学生理解如何有效地使用评估工具，鼓励他们发表真实、具体、有建设性的意见。

2.挑战：评估结果的真实性和客观性受到质疑。

有时学生可能出于个人偏见、情感因素多方面的考虑，提供不客观、不真实的反馈。这将导致评估结果的可信度受到质疑，影响评估的效果。

应对策略：匿名性与保密性的保障。

确保评估是匿名的，学生的个人信息不会被泄露，这有助于降低学生的担忧和顾虑，使他们更愿意提供真实的反馈。同时，通过建立专门的反馈渠道，如由独立机构负责收集和整理反馈，可以进一步提高评估结果的客观性。

3.挑战：评估结果未能得到充分应用。

学生参与评估后，如果评估结果没有被认真对待或未能转化为实际改进措施，学生可能对评估失去信心，进而影响他们的参与积极性。

应对策略：建立反馈机制和改进循环。

建立一个明确的反馈机制，确保学生知道他们的反馈被听取，并能够看到相关的改进举措。同时，建立一个改进循环，及时采取行动，并在适当的时候向学生展示改进的结果，以增强学生对评估过程的信任感和满意度。

4.挑战：学生参与评估的时间和精力投入问题。

学生通常面临繁重的学业负担和其他活动，可能对参与评估感到厌烦或缺乏兴趣，导致他们不愿投入足够的时间和精力。

应对策略：合理安排评估时间，提供激励措施。

在学期初规划评估的时间，避免与其他繁重任务重叠。同时，可以通过提供一些激励措施，如奖学金、证书、参与决策的机会等，来鼓励学生积极参与评估。

学生参与评估作为一种新颖而富有活力的教育实践，为教育体系的改进和创新提供了有力的支持。然而，要想实现学生参与评估的有效运作，需要学校、教师和学生共同努力。

通过合理设计评估工具、培训学生参与评估的能力、建立有效的反馈机制以及持续改进评估机制，可以在教育中创造一个更为开放、民主的环境，激发学生的学习热情和主动性。学生参与评估的实际操作不仅仅是一种方法，更是对教育理念的一种体现，促使教育者在教学设计和管理中更注重学生的需求和声音，从而推动教育不断进步。

第三节　学生绩效评估与反馈

一、学生绩效评估体系设计

学生绩效评估体系是学校教育管理中的重要组成部分，旨在全面、客观地评估学生的学业水平、综合素养和个性发展。设计一个有效的学生绩效评估体系涉及多方面的因素，需要考虑到教育目标、评估内容、评价方法以及评估结果的运用。下面将从这几个方面展开，详细介绍学生绩效评估体系的设计。

1. 教育目标明确

学生绩效评估体系的设计应该紧密围绕学校的教育目标展开，确保评估的方向与学校的发展方向一致。教育目标明确的学校通常会在绩效评估中设立明确的指标，这些指标既能够反映学科知识的掌握程度，又能够涵盖学生综合素养和创新能力的培养。例如，教育目标可能包括提高学科成绩、培养学生团队协作能力、激发学生创新潜力等。

2. 评估内容全面

绩效评估体系的设计需要全面考虑评估内容，包括学科知识、综合素养和个性发展等多个方面。在学科知识方面，可以设立科目考核、学科竞赛等评估方法；在综合素养方面，可以通过课外活动、社会实践等途径进行评估；在个性发展方面，可以通过学科兴趣、领导力表现等方面进行评价。通过全面的评估内容，可以更好地反映学生在不同方面的发展情况。

3. 评价方法多样

评估体系的设计还需要考虑到评价方法的多样性，以适应不同类型学生的特点。除了传统的笔试和口试之外，可以引入项目评估、实践操作、小组讨论等多种评价方式。这样不仅能够更全面地了解学生的学习水平，也能够更好地激发学生的学习兴趣和创造力。此外，评价方法的多样性还有助于减轻学生的考试压力，促使其在学习过程中更全面的发展。

4. 结果运用合理

设计一个有效的学生绩效评估体系并不仅仅是评估的过程，更需要合理运用评估结果。评估结果可以作为学生个体发展的参考依据，也可以为学校的教育决策提供数据支持。在运用结果时，学校可以根据学科、班级、个体等不同层次进行分析，发现问题并采取有针对性的措施进行改进。同时，评估结果也可以作为学校对外展示教育质量的重要依据，增强学校的社会声誉。

5. 参与过程民主透明

为了确保评估体系的公正性和客观性，评估过程应该是民主透明的。学生、教师和家长等各方应该在评估体系的建设中有参与权，形成多方共识。可以通过座谈会、问卷调查等方式征集各方的意见，确保评估体系不仅能满足学校管理的需要，更符合广大师生的期望。透明的评估过程也能够增强学生对评估的认同感，使评估结果更具说服力。

在设计学生绩效评估体系时，需要考虑到教育目标的明确、评估内容的全面、评价方法的多样、结果运用的合理和参与过程的民主透明等多个方面。一个科学合理的绩效评估体系不仅有助于学校更好地管理教育资源，也能够促进学生全面发展。通过不断完善和调整，学生绩效评估体系将更好地适应教育的发展和学生的需求。

二、学生反馈在课程评估中的作用

学生反馈在课程评估中的作用是不可忽视的，它不仅是一种重要的信息来源，也是提高教学质量、满足学生需求、促进教师专业发展的有效途径。本节将从不同的角度深入探讨学生反馈在课程评估中的作用，并说明如何充分利用学生反馈来推动教学改进和提升学校教育质量。

1. 提供直接、及时的信息

学生反馈是对课程体验的直接反映，是学生在学习过程中对课程的实际感受和认知的表达。通过收集学生反馈，可以及时了解到教学中存在的问题、学生的疑虑和期望。这种直接性的信息能够帮助教师更好地把握教学效果，及时调整教学策略，以便更好地满足学生的需求。

2. 促进教学质量提升

学生反馈是评估教学质量的重要依据之一。通过分析学生的评价，教师可以了解到自己的教学优势和不足之处。正面的反馈可以强化教师在教学中的优势，而负面的反馈则为教师提供改进的方向。通过持续收集和分析学生反馈，教师可以不断调整教学方法、更新教材，从而提升整体教学质量。

3. 促使教师个人专业发展

学生反馈也为教师的个人专业发展提供了有力支持。教师可以通过学生的评价了解自己在课堂上的表现，掌握学科知识和教学技能的不足之处，进而有针对性地进行自我提升。通过认真对待学生的反馈，教师可以建立自己的专业发展计划，不断提高自身的教学水平和专业素养。

4. 增强学生参与感和满意度

通过收集学生反馈，学校向学生传递了一种重视和尊重的信号，这有助于增强学生的参与感。学生意识到他们的意见和建议对学校和教师来说是重要的，这会激发他们更积极地参与到教学活动中来。同时，通过及时解决学生的问题和需求，学校可以提高学生的满意度，增强学生对学校的认同感。

5. 促使学校改进管理决策

学生反馈不仅对教学改进有帮助，也对学校管理层的决策提供了有力的支持。通过分析学生反馈，学校可以了解到学生对课程设置、教学资源、学习环境等方面的需求和期望。这些信息有助于学校更科学地制订教学计划、配置资源，提高整体教育服务水平，使学校更好地适应时代发展的需求。

6. 培养学生自主学习和评价能力

通过参与课程评估，学生有机会培养自主学习和评价能力。他们学会关注自己的学习过程，提炼出对课程的理解和看法，并能够用合理的方式表达出来。这种能力对于学生未来的学习和工作都是至关重要的，因为他们需要学会自主评估自己的表现，不断提升自己。

7. 促进课程创新和发展

学生反馈也是课程创新和发展的重要动力。通过收集学生的意见和建议，学校可以更好地把握学科发展趋势，及时调整课程设置，引入新的教学方法和技术，保持课程的新颖性和吸引力。这有助于学校更好地适应社会需求，培养适应未来社会发展的人才。

学生反馈在课程评估中扮演着不可或缺的角色。在提供直接、及时的信息，促进教学质量提升，促使教师个人专业发展，增强学生参与感和满意度，促使学校改进管理决策，培养学生自主学习和评价能力，以及促进课程创新和发展等方面，学生反馈都发挥着积极的作用。因此，学校应该建立健全的学生反馈机制，鼓励学生积极参与，确保反馈信息的真实性和有效性，以不断推动教育的发展和提升学校的教学质量。

第四节　教师绩效评估与发展

一、教师绩效评估的标准与流程

教师绩效评估是一项旨在客观、全面评价教师工作表现的重要管理工具。合理的评估标准和科学的评估流程对提高教学质量、激励教师积极性、推动学校发展至关重要。本节将从教师绩效评估的标准和流程两个方面展开论述，深入分析其关键要素。

（一）教师绩效评估的标准

1. 教学质量标准

教学质量是评估教师绩效的核心。评估标准应包括教学设计、教学过程、教学效果等多个方面。教学设计要求教师根据学科特点和学生需求，制订合理、科学的教学计划；教学过程关注教学方法、课堂管理和与学生的互动；教学效果则通过学生成绩、学科竞赛和学科兴趣等方面来体现。

2. 学科知识水平标准

教师的学科知识水平直接关系到教学效果。评估标准应包括教师在所教学科的专业知识、最新研究进展、教材更新等方面的掌握程度。可以通过学科考试、继续教育学分、学科研究项目等来客观评价。

3. 课外活动和社会服务标准

除了课堂教学，教师还应参与学校和社区的各类活动。评估标准包括教师在学校组织的课外活动、社团指导、社会服务等方面的参与程度和影响力。这有助于全面了解教师的综合素质。

4. 师德和职业道德标准

教师是学生的楷模，师德和职业道德是评价教师的基本标准之一。评估师德要考查教师的责任心、诚信度、敬业精神等方面，职业道德评估则关注教师在面对各种问题时的处理方式和决策过程。

（二）教师绩效评估的流程

1. 设定评估目标

在每个评估周期开始时，需要明确评估的目标和标准。学校可以与教师共同制定个性化的评估目标，确保评估的针对性和可操作性。

2. 数据收集与整理

通过课堂观察、学生问卷调查、学科考试成绩、教学设计文件等多种手段，收集与教师绩效相关的数据。这些数据要客观、具体，能够客观反映教师在不同方面的表现。

3. 评估过程

评估过程中可以采用多元评价方法，包括自评、同行评价、学生评价等。同时，可以邀请专业人士进行评估，形成多层次、多角度的评估结果。评估人员需要具备专业素养，评价过程要有严格的程序和标准。

4. 反馈和改进

将评估结果及时反馈给教师，明确优点和不足之处，并共同探讨改进方案。评估结果不仅是一种责任的追究，更是对教师发展提供的有益信息。学校可以为教师提供相关培训和支持，帮助其进一步提升绩效水平。

5. 总结与奖惩

在评估周期结束时，对教师的整体绩效进行总结，根据评估结果进行奖惩，激励教师取得更好的成绩。奖励包括晋升、奖金、荣誉称号等。而对于表现不佳的教师，应制订明确的改进计划，提供帮助和指导。

（三）教师绩效评估的挑战与对策

1. 主观性和客观性的平衡

评估过程中容易受到主观因素的影响，需要建立科学的评估标准和流程，采用多元评价方法，提高评估的客观性。

2. 数据的准确性和真实性

数据的准确性对评估结果的可信度至关重要。学校需要建立健全的数据收集和整理机制，确保数据的真实性和完整性。

3. 激励机制的建立

教师绩效评估不仅仅是一种考核，更是一种激励机制。学校应该建立奖励机制，激发教师的积极性和创造力，使其在工作中更加投入和有成就感。

4. 公平性和公正性的维护

评估过程中要确保公平和公正，避免评估中的主观偏见和不当因素的影响。可以通过建立独立的评估委员会、开展培训以提高评估者的专业水平，以及建立有效的申诉机制等方式来维护公平性和公正性。

5. 个性化评价与整体考量的平衡

每位教师的教学特点和工作环境都有所不同，因此评估过程中需要充分考虑个性化差异。但同时也要确保整体考量，以维护学校整体的教学质量和发展方向。

6. 绩效评估与教育发展的融合

教师绩效评估应与教育发展目标相融合，不仅仅追求量化的指标，更要关注教师的专业发展和学校整体的长远规划。评估标准和流程应紧密结合学校的教育愿景和发展方向。

7. 及时反馈与长期发展的结合

绩效评估的目的是帮助教师不断提升，因此及时的反馈和长期发展计划的结合非常重要。学校可以通过定期的个别谈话、培训计划和职业发展规划，为教师提供更全面、系统的支持。

8. 社会认可与教师声音的平衡

教师绩效评估除了学校内部的认可外，也需要考虑社会的认可。同时，应该注重听取教师的声音，建立共享决策的机制，确保评估标准和流程的制定是公平、合理的。

在实施教师绩效评估的过程中，需要不断总结经验，灵活调整评估标准和流程，以适应教育环境和学校发展的变化。最终，教师绩效评估应成为促进教育进步、激励教师成长的有效工具，为提高教育质量和学校整体发展做出积极贡献。

二、教师发展计划与培训需求分析

（一）概述

教师作为教育事业的中坚力量，其发展水平直接关系到学校的教学质量和学生成长。为了促进教师个体成长和整体队伍素质的提升，制订科学的教师发展计划以及根据个体和学校需求进行培训是至关重要的。本节将对教师发展计划和培训需求分析进行深入研究，探讨其关键要素和实施策略。

（二）教师发展计划

1. 制定教师发展目标

教师发展计划的第一步是明确发展目标。学校可以根据整体教育发展目标和个体差异，制定具体、可量化的发展目标。这些目标既可以涉及教学方面，也可以包括科研、社会服务、课外活动等多个方面，以全面提升教师的综合素质。

2. 个性化发展规划

每位教师的背景、兴趣、特长都有所不同，因此发展计划需要考虑到个性化差异。通过与教师进行深入的个别谈话和职业生涯规划，建立起符合其个体需求的发展路径，使发展计划更具可操作性和实效性。

3. 提供发展资源支持

为了实现教师发展目标，学校需要提供相应的资源支持，包括教育培训、学术研究支持、专业交流机会等。这些资源既可以是内部培训，也可以是外部资源的引入，以满足教师在各个方面的发展需求。

4. 建立发展评估体系

为了确保教师发展计划的实施效果，需要建立科学的评估体系。通过定期的自评、同行评价、学生评价等多方位评估手段，对教师的发展情况进行全面、客观的评估，为后续的调整和改进提供依据。

5. 激励机制和晋升通道

学校可以制定激励机制，对取得显著成就的教师给予奖励，如晋升、奖金、学术荣誉等，以激发教师的积极性。同时，建立晋升通道，为有志于深耕教育事业的教师提供更广阔的发展空间。

（三）培训需求分析

1. 教学技能培训

教学技能是教师必备的核心素质。根据教师的不同经验和学科特点，开展针对性的教学技能培训，包括教学设计、课堂管理、教学评估等方面的培训，以提高教学水平。

2. 信息技术应用培训

随着信息技术的不断发展，教师需要不断更新自己的信息技术知识，提高在信息化教学环境中的能力。培训内容可以涵盖教学软件的使用、在线教学方法、电子资源的开发与利用等方面。

3. 跨学科知识培训

在综合素质的提升过程中，跨学科知识的培训显得尤为重要。通过跨学科培训，教师可以更好地理解不同学科之间的关系，拓展自己的知识边界，提高综合能力。

4. 创新教育理念培训

创新是教育事业发展的动力之一。培训教师具备创新教育理念，包括启发式教学、项目化学习、实践性教学等，以适应当代学生的需求，提高课堂吸引力和学习效果。

5. 心理健康与教育情感培训

教师在长期的教育工作中可能面临压力和情感的挑战。培训可以关注教师的心理健康，提供压力管理、情感沟通等方面的培训，以保障教师身心健康，更好地应对各种挑战。

6. 专业发展规划培训

帮助教师建立职业发展规划是培训的一个重要方面。通过培训，教师可以了解职业发展的各个阶段，规划自己的职业路径，更好地实现个人和学校的共同发展。

（四）培训策略与实施手段

1. 制订培训计划

在进行培训前，学校应该制订明确的培训计划，包括培训内容、培训形式、培训时间和培训对象等方面的详细安排。培训计划需要与学校的发展目标和教师的发展需求相契合，确保培训的针对性和有效性。

2. 多元化培训方式

采用多元化的培训方式可以更好地满足不同教师的学习需求。培训方式可以包括线下培训、在线培训、研讨会、研修班等多种形式，以满足教师的不同学习风格和时间安排。

3. 建立导师制度

导师制度是一种有效的培训机制，通过与经验丰富的导师进行合作，新教师可以更好地融入学校文化，获取实际经验和指导。同时，导师也可以通过传授经验不断提高自身的教学水平。

4. 开展专业发展交流活动

促使教师之间的交流是培训的重要组成部分。可以组织定期的教学研讨会、学科组会议、专业发展交流活动等，让教师分享经验、交流心得，促进共同进步。

5. 引入外部专家和资源

学校可以邀请外部专家进行专题讲座、培训课程，引入外部优质资源。这不仅可以拓宽教师的学术视野，还能使培训更具权威性和实效性。

6. 定期评估和调整

培训计划的实施过程中，学校需要定期进行培训效果的评估。通过教师的反馈、学科考核、课堂观摩等手段，及时发现问题，调整培训方向和方式，确保培训一直紧跟学校和教师的实际需求。

教师发展计划和培训需求分析是促进教育质量提升、培养高素质教师队伍的关键环节。通过科学规划、个性化定制、多元化手段的结合，可以更好地满足教师的发展需求，推动学校的整体发展。同时，不断总结经验、调整策略，及时解决培训中的问题和挑战，是教育管理者在推动教师专业发展上的不懈努力。

第五节　质量保障与改进机制

一、质量保障体系的建立与框架

（一）概述

教育质量是学校发展的核心，构建完善的质量保障体系是确保教育质量稳步提升的基础。质量保障体系不仅包括内部管理机制，还需要涵盖外部评估和社会监督。本节将深入探讨质量保障体系的建立与框架，着重从目标制定、组织结构、过程管理、信息反馈和持续改进等方面进行论述。

（二）质量保障体系的目标制定

1. 明确教育质量目标

质量保障体系的首要任务是明确教育质量的总体目标。这一目标应该与学校的使命、愿景相一致，具有可测量性和可实现性。明确的目标有助于全校师生形成共识，凝聚共同努力的方向。

2. 确立关键绩效指标

在明确总体目标的基础上，需要确定关键绩效指标。这些指标可以包括学生成绩、师资水平、教育资源利用效率、学科竞赛成绩等多个方面。绩效指标的设定要具有量化、可衡量的特点，以便进行定期的评估和监控。

3. 建立绩效评估体系

绩效评估体系是质量保障体系的关键组成部分。它包括学科教学、师德师风、学科研究、社会服务等方面的评估内容。评估体系要科学、全面，既包括定性评价，也包括定量数据的分析，以确保评估结果客观准确。

（三）质量保障体系的组织结构

1. 建立质量保障部门

学校需要建立专门的质量保障部门，负责组织、监督和评估质量保障体系的实施。该部门可以包括质量保障办公室、教学发展中心等，以确保质量保障工作有序推进。

2. 设立质量保障委员会

成立由校领导、专家学者、教师代表等组成的质量保障委员会，负责对质量保障体系的制定和实施进行监督和评估。委员会的成员应具备相关专业知识和经验，以保证评估的专业性和客观性。

3. 建构质量保障团队

针对不同的质量保障任务，可以建构专门的质量保障团队。例如，有关课程设计可以有专门的教学设计团队，评估师德可以有专门的师德评估小组。这有助于细化任务，提高效率。

（四）质量保障体系的过程管理

1. 建立标准化流程

制定标准化的流程是保障质量的基础，包括招生流程、教学流程、评估流程等。这有助于提高工作效率，降低操作风险，确保每个环节都能够按照规范进行。

2. 建设信息化系统

借助信息化系统，可以更好地实现对教学、管理等各个环节的数据收集和分析。通过建设学校信息平台，可以及时了解教学进展、师资配置、学生反馈等信息，有助于进行精准的质量评估。

3. 定期内外部审核

定期进行内外部的质量审核是确保质量保障体系有效运转的必要手段。内部审核可以由学校自行进行，外部审核可以由相关教育主管部门、专业评估机构等进行。通过审核，可以及时发现问题，提出改进建议。

（五）质量保障体系的信息反馈

1. 建立教育质量报告体系

学校应建立完善的教育质量报告体系，定期向校内外发布学校的教育质量报告。报告内容应涵盖学校整体发展状况、关键绩效指标、质量保障体系的实施情况、改进措施等方面，以使各方全面了解学校质量的信息。

2. 建立信息透明机制

通过信息透明，学校可以向师生、家长以及社会公众公开教育质量的有关信息。建立校园网站、教务管理系统等平台，发布学校的教学计划、课程设置、教师队伍构成等信息，增强学校的社会责任感。

3. 借助社交媒体平台

利用社交媒体平台，学校可以与师生、家长建立更直接、实时的沟通渠道。通过微博、微信等平台，发布学校新闻、教学动态、质量保障措施等信息，积极回应社会关切，借助互联网工具实现信息的更广泛传播。

（六）质量保障体系的持续改进

1. 建立反馈机制

为了保证质量保障体系的持续改进，需要建立有效的反馈机制。师生、管理人员以及专家委员会的反馈都应被及时收集，并作为改进的重要参考。通过定期的反馈沟通，可以发现问题、积累经验、调整策略。

2. 制订改进计划

基于质量保障体系的评估结果和反馈意见，学校应该制订切实可行的改进计划。这包括明确改进的具体目标、责任人、时间表等。改进计划要综合考虑学校的整体发展需要，确保每一项改进都对提升教育质量有实质性的影响。

3. 持续监测和评估

建立持续监测和评估机制，确保改进措施的有效性。定期对改进计划进行跟踪评估，根据实际情况调整和优化改进方案。这种循环性的监测和评估过程有助于学校及时发现问题、调整策略，不断提升教育质量。

4. 推动教育创新

作为质量保障体系的一部分，学校应积极推动教育创新。这包括引入新的教学方法、采用先进的教育技术、推动跨学科融合等。教育创新可以提高教学质量、激发师生创造力，为学校持续改进提供有力支持。

（七）质量保障体系的挑战与对策

1.应对多元化需求

学生和家长对教育的需求日益多元化，因此学校在质量保障体系建设中需要更加灵活。对于不同层次、不同兴趣、不同能力的学生，应提供个性化的教育服务，制定不同的质量保障措施。

2.面对外部评估的复杂性

外部评估的标准和方式多样，有时可能会出现多方标准不一致的情况。学校应在建立质量保障体系时考虑融合多方意见，与外部评估机构合作，确保外部评估的客观性和专业性。

3.应对变革的困难

质量保障体系的建立需要学校内部的变革和改进。面对学校组织结构、管理体制等方面的困难，需要领导层具有坚定的决心，通过逐步改革、有序推进的方式推动变革，避免过快过急导致阻力和困难。

4.社会认可度的提升

学校的质量保障体系在一定程度上要取决于社会的认可。学校应积极与社会各界进行沟通，提高社会对学校质量保障体系的认知度和认可度。通过开展公开透明的工作，回应社会关切，增强社会对学校的信任感。

在建立和完善质量保障体系的过程中，学校需要不断总结经验、积极面对挑战、灵活应对变革，以确保质量保障体系的科学性、可行性和实效性。通过建设健全的质量保障体系，学校可以更好地适应教育环境的变化，提升教育质量，为培养具有创新精神和社会责任感的学生提供更好的教育服务。

二、课程评估结果对质量保障的影响

（一）概述

课程评估是教育质量保障体系中的关键环节之一，它旨在通过系统性的评估手段，全面了解课程的教学效果、教学过程和学生学习成果，从而为学校提供改进和提升教育质量的有效参考。本节将深入探讨课程评估结果对质量保障的影响，包括对课程设计、教学实施、学生学习体验以及学校整体发展的影响。

（二）课程评估与质量保障的关系

1. 评估与改进的循环

课程评估不仅是对课程过程和效果的检验，更是一个与改进紧密相连的过程。通过定期的课程评估，学校能够收集到关于教学的全面数据，为制订改进计划提供依据，形成评估与改进的良性循环。

2. 关注学生满意度

课程评估中，学生的反馈是一个重要的方面。通过了解学生的满意度，学校可以直观地了解到课程的各个方面是否符合学生的期望，进而调整教学设计和教学方法，提高学生的学习积极性和满意度。

3. 指导教学设计

课程评估的结果能够为教学设计提供有力的指导。通过评估教材选择、教学目标的设定、教学方法的运用等方面，学校可以更加科学地设计和调整课程，确保教学内容贴近实际需求，提高课程的实际效果。

4. 提升教师水平

通过对课程的评估，可以了解到教师的教学水平和教学态度。学校可以通过评估结果为教师提供及时的反馈和培训，提高教师的专业水平，激发其教学热情，全面提升教学质量。

（三）课程评估对课程设计的影响

1. 指导课程目标的设定

课程评估结果对课程目标的设定有着直接的指导作用。通过评估学生的学习成果和课程的实际效果，学校可以更清晰地了解到课程目标的达成程度，从而调整和优化课程目标的设定。

2. 优化教学内容和结构

课程评估结果可以帮助学校深入了解教学内容和结构的实际效果。如果评估结果显示某一部分内容的教学效果不佳，学校可以有针对性地进行优化，增加或调整相关内容，使课程更加丰富和有深度。

3. 拓展教学方法和手段

通过评估学生对不同教学方法的反馈，学校可以了解到哪些方法更受学生欢迎、哪些方法需要进一步改进。这有助于拓展教学方法和手段，使教学更具灵活性和适应性。

4. 提高跨学科融合度

课程评估可以揭示出跨学科融合的机会和挑战。如果评估结果表明学生对于跨学科内容的学习效果良好，学校可以进一步加强跨学科的融合，提高课程的综合性和实用性。

（四）课程评估对教学实施的影响

1. 改善教学方法

通过课程评估，学校可以了解到不同教学方法的优劣势。如果某种教学方法的评价较低，学校可以及时调整，采用更适合学生的方法，以提高教学效果。

2. 提升教学效果

课程评估结果反映了学生对教学效果的直接感受。学校可以通过评估结果了解到哪些环节需要改进，进而采取措施提升教学效果，提高学生的学习体验和满意度。

3. 激发学生学习兴趣

通过课程评估了解学生对课程内容的兴趣和认可度，学校可以调整教学方法，设计更具吸引力的课程内容，激发学生学习的兴趣，提高学生学习积极性。

4. 促进教师与学生互动

课程评估的结果可以反映教师与学生之间的互动情况。如果评估结果显示教师与学生互动不够充分，学校可以鼓励教师采用更多的互动式教学方法，促进师生之间的有效沟通。

（五）课程评估对学生学习体验的影响

提高学习动机。通过课程评估了解学生学习体验，可以发现学生的学习动机和学习兴趣。如果评估结果显示学生的学习动机较低，学校可以通过调整课程内容、引入实践性的学习任务等方式，激发学生的学习热情，提高他们的学习动机。

1. 优化学习资源

课程评估还能帮助学校了解学生对学习资源的需求和评价。通过评估结果，学校可以优化学习资源的配置，确保学生能够获得充足且高质量的学习资源，提升学生的学习体验。

2. 关注学生反馈

学生的反馈是课程评估的重要组成部分。学校可以通过评估结果了解学生对课程的实际感受和反馈意见，从而及时调整课程设计和教学方式，更好地满足学生的需求，提升学生的整体学习体验。

3. 培养学科兴趣

通过评估学生对不同学科的兴趣和倾向，学校可以调整课程设置，更有针对性地培养学生的学科兴趣。这有助于激发学生对所学专业的浓厚兴趣，提高他们的专业素养和学科水平。

（六）课程评估对学校整体发展的影响

1. 提升学校声誉

通过课程评估，学校能够不断提高教学水平和教学质量，形成良好的教育声誉。高质量的课程评估结果可以成为学校在招生、校际交流等方面的竞争优势，提升学校整体的声誉和影响力。

2. 推动教育改革

课程评估的结果反映了教育教学的实际状况，为学校推动教育改革提供了有力支持。学校可以根据评估结果进行有针对性的改革，促进教育模式的创新和发展。

3. 提高招生质量

通过课程评估，学校可以不断优化教学资源和提升教学水平，吸引更多优秀的学生。高质量的课程评估结果有助于提高学校的招生质量，形成良好的招生口碑。

4. 满足社会需求

课程评估结果的不断优化可以更好地满足社会对人才的需求。学校通过调整课程设置、更新教学内容，能够培养更符合社会需求的专业人才，为社会发展提供更有价值的人力资源。

综上所述，课程评估结果对质量保障有着深远的影响。通过不断优化课程设计、提升教学效果、满足学生需求，学校能够实现对质量的有效管控。而质量保障体系的健全与否也反过来影响着课程评估的深度和广度。

未来，随着教育环境和社会需求的不断变化，课程评估与质量保障的关系将更为密切。学校需要在不断总结经验的基础上，更加灵活地运用评估手段，更好地适应多样化的教学需求。同时，引入先进的信息技术，构建数字化、智能化的评估体系，提高评估的效率和科学性。

参考文献

[1] 余金保. 新时代大学生劳动教育教程 [M]. 北京：北京理工大学出版社, 2022.

[2] 马长胜，王茗倩，王云良. 工业传感网应用技术 [M]. 北京：北京理工大学出版社, 2022.

[3] 吴娟，夏懿娜. 高校创新创业与劳动教育 [M]. 上海：上海交通大学出版社, 2022.

[4] 闫祖书. E 新时代高校劳动教育概论 [M]. 北京：中国林业出版社, 2022.

[5] 杨小军. 新时代高校劳动教育探究 [M]. 北京：中国社会科学出版社, 2022.

[6] 刘向兵. 中国高等教育学会劳动教育专业委员会十四五规划教材 大学生劳动教育通识 [M]. 北京：高等教育出版社, 2022.

[7] 刘洋. E 大学生劳动教育通论 [M]. 北京：中国林业出版社, 2022.

[8] 刘社欣. 大学生劳动教育教程 [M]. 北京：清华大学出版社, 2022.

[9] 邓忠君，李峤. 新时代大学生劳动教育实践 [M]. 成都西南交大出版社, 2022.

[10] 张玉萍，李楠. 大学生职业发展与就业指导 [M]. 北京：化学工业出版社, 2022.

[11] 张龙. 高校劳动教育的课程建设: 体系构建与创新发展 [M]. 北京: 化学工业出版社, 2021.

[12] 孙家学，耿艳丽，邵珠平. 普通高等学校劳动教育课程教材 新时代高校劳动教育通论 [M]. 北京：高等教育出版社, 2021.

[13] 王一涛，杨海华. 大学生劳动教育与实践 [M]. 苏州：苏州大学出版社, 2021.

[14] 安鸿章. 劳动简论 [M]. 北京：北京理工大学出版社, 2021.

[15] 何聚厚. 高校教学模式创新与实践研究（5)[M]. 陕西师范大学出版总社有限公司, 2021.

[16] 党印，李素卿，李珂. 劳动教育精品教材 新时代劳动教育 100 问 [M]. 北京：中国人民大学出版社, 2021.

[17] 刘向兵. 高等学校劳动教育课程教材 劳动通论 第 2 版 [M]. 北京：高等教育出版社, 2021.

[18] 蔡映辉，刘祥玲. 高校服务性劳动教育：理论与探索 [M]. 北京：科学出版社, 2021.